當怪獸家長遇見機車老師

宋慧慈 著

親征教改30年，

宋慧慈老師最**POWER**的

「班級經營」現場紀實

WHEN THE MONSTER PARENTS
MEET THE INSPIRING TEACHER

《大眾心理學叢書》

出版緣起

王榮文

一九八四年，在當時一般讀者眼中，心理學還不是一個日常生活的閱讀類型，它還只是學院門牆內一個神秘的學科，就在歐威爾立下預言的一九八四年，我們大膽推出《大眾心理學全集》的系列叢書，企圖雄大地編輯各種心理學普及讀物，迄今已出版達二百種。

《大眾心理學全集》的出版，立刻就在台灣、香港得到旋風式的歡迎，翌年，論者更以「大眾心理學現象」為名，對這個社會反應多所論列。這個閱讀現象，一方面使遠流出版公司後來與大眾心理學有著密不可分的聯結印象，一方面也解釋了台灣社會在群體生活日趨複雜的背景下，人們如何透過心理學知識掌握發展的自我改良動機。

但十年過去，時代變了，出版任務也變了。儘管心理學的閱讀需求持續不衰，我們仍要虛心探問：今日中文世界讀者所要的心理學書籍，有沒有另一層次的發展？

在我們的想法裡，「大眾心理學」一詞其實包含了兩個內容：一是「心理學」，指出叢書的範圍，但我們採取了更寬廣的解釋，不僅包括西方學術主流的各種心理科學，也包括規範性的東方心性之學。二是「大眾」，我們用它來描述這個叢書的「閱讀介面」，大眾，是一種語調，也是一種承諾（一種想為「共通讀者」服務的承諾）。

經過十年和二百種書，我們發現這兩個概念經得起考驗，甚至看來加倍清晰。但叢書要打交道的讀者組成變了，叢書內容取擇的理念也變了。

從讀者面來說，如今我們面對的讀者更加廣大、也更加精細（sophisticated）；這個叢書同時要了解高度都市化的香港、日趨多元的台灣，以及面臨巨大社會衝擊的中國沿海城市，顯然編輯工作是需要梳理更多更細微的層次，以滿足不同的社會情境。

從內容面來說，過去《大眾心理學全集》強調建立「自助諮詢系統」，並揭櫫「每冊都解決一個或幾個你面臨的問題」。如今「實用」這個概念必須有新的態度，一切知識終極都是實用的，而一切實用的卻都是有限的。這個叢書將在未來，使「實用的」能夠與時俱進（update），卻要容納更多「知識的」，使讀者可以在自身得到解決問題的力量。新的承諾因而改寫為「每冊都包含你可以面對一切問題的根本知識」。

在自助諮詢系統的建立，在編輯組織與學界連繫，我們更將求深、求廣，不改初衷。

這些想法，不一定明顯地表現在「新叢書」的外在，但它是編輯人與出版人的內在更新，叢書的精神也因而有了階段性的反省與更新，從更長的時間裡，請看我們的努力。

目錄

推薦序

推薦序

以學生為中心的機車教師

洪儷瑜
臺灣師範大學特殊教育系教授兼師培學院院長
曾任國家教育研究院學術副院長

什麼樣的老師是機車教師？宋慧慈老師的先夫王華沛老師給的註解是：有創意、能執行。

華沛是我在師大特教系多年的同事，因為同年，我和他們夫婦就變成三隻小豬，加上有共同的教育生涯發展，考上師專、長年從事教職、留學美東、熱衷推動教育改革、期待台灣的教育成為典範之一……我們經常聚餐、聊天，或是說互相取暖和打氣。一直到華沛先行辭世，我們兩隻小豬只好另邀成員加入而組成「四美女」。慧慈老師十年前就退休，展開她無邊界的教育實踐，讓我們可以持續聽她說教學的故事。繼慧慈老師上一本《啟動孩子思考的引擎》在五年前出版後，今年她又應出版社之邀，將她的教師生涯寫成《當怪獸家長遇見機車教師》。讀完之後，我想為機車教師增加新的詮釋——機車教師應該還有「勇於追求」「讓周圍的人不舒服」的意思。

如果慧慈老師《啟動孩子思考的引擎》一書是分享她的對話教學經典案例，這本《當怪獸家長遇見機車教師》則是她如何變成機車教師、終身實踐教育理想的故事，書中並展現了她教師生涯努力實踐的兩大特點：勇於挑戰和宋氏教學。

特異獨行背後的力量——孩子的受教權利與學習樂趣

書中處處可看出慧慈老師是一個勇於挑戰的女俠，以及她對權威所訂的標準和框架的質疑。她從在女師專就讀時，對老師和教官的不滿，與幾位自認為有見識的好朋友，作弄老師和教官，看不慣其他乖乖牌同學……可見慧慈老師喜於挑戰權威，並非擔任教師後才開始的。

傳統學校為求維持校內和諧與家長關係之和平，行政主管盡量讓表面符合規定，以避免意外的麻煩，過多創意和戶外教學經常是不被鼓勵的。傳統的學校行政運作模式，往往犧牲了學生的多元智能和學習樂趣，這也是當年「四一〇教育改革」期許學校教育要有所革新的原因之一。

而慧慈老師的教學風格，歸納可得「宋氏教學」的七項特色：以學生為中心、尊重學生的需求（鼓勵學生表達）、體驗式學習、與生活結合的課程規劃、主題統整設計（內容不限於課本、學習不困於課室）、引導學生自主發展、全人的生命教育。

慧慈老師的教學經常運用對話聆聽學生的聲音，即使聽到許多家長和同事對學生的耳語，她仍基於保護學生的學習本性，正向看到學生的行為。無論是為學生爭取成立課後桌球隊、混齡社團活動和允許家長申請微調轉班等挑戰學校行政的建議，慧慈老師特異獨行背後的力量，都是考慮到學生的受教品質。這同時也是慧慈老師看得到學生的需求，到最後，連學生對慧慈老師的向心力甚至引起家長的不滿——他們抗議學生都被慧慈老師收買了！可見當時家長不如慧慈老師般了解：何謂尊重孩子，又同時如何不悅於宋老師搶走了他們自以為付出最多的孩子。

慧慈老師除了對話式教學之外，也重視體驗式教學。她要求課程要能結合學生的生活經驗，所以善用生活事件引導學生學習。她所進行的生活化議題課程，正好與很多學校以安排演講進行議題的教育形成對比，她也落實杜威的生活即教育，堅持教育不應該與生活脫節。

雖然九〇年實施的九年一貫課程綱要已經有校本課程和主題課程，但是在一〇七年九貫課綱實施的最後一年，很多學校仍不知如何設計符合學生需求的主題統整課程。慧慈老師因上述原則，經常抓住機會設計主題統整課程，讓學生的學習可以從課本和課室延伸到外界。例如她啟動城鄉交流活動，設計課程接待台北學生的訪問，也將學生到台北所可能遇到的問題轉為課程設計的重點，正是主題統整課程的展現。她也在很多活動中經常安排學生自主參與，即使重複上演了她在台北任教時與校方、家長之間的拉鋸戰，還好她的勇敢，讓她可以堅持自己的教育理念。

慧慈老師的勇於挑戰是她引導學生自主學習的助力，而她擔任導師期間，雖然任教科目是國語、數學基本學科，但她對學生的教育關懷，卻是強調全人的發展。對於低年級的孩子，她的教育目標是培養忍受挫折、解決問題、珍愛大自然，與不斷自我學習的能力。對於低年級的家長希望慧慈老師能帶到中年級時，她的回答是：教育更重要的應該是給孩子成長的機會，應該要學習適應不同老師的各種教學方法。

堅持理念「雖千萬人，吾往矣」的勇氣

有創意、有執行力，又勇於堅持理想的人，確實會讓周圍的人不舒服，可能就像機車引擎的噪音一樣。慧慈老師在她的教育理想實踐過程，雖然獲得不少獎項，初期卻貶大於褒，不僅曾經被評為二等老師，還在兩次應徵調校時慘遭拒絕。究竟教育是在引導學生追求看得到的分數，還是讓學生實踐個人的自我實現？她總在教育現實環境的兩難自我省思，「多數的家長和行政人員比較在意立即可見的效果，對影響較深遠的『潛移默化』，因為不能馬上見到具體的成果，似乎總有一份不安。」然而，慧慈老師在她的教師生涯中，跌跌撞撞地找到自己堅持的目標和方法。

這本書所述的故事好似台灣教育改革的歷史，家長在抗爭中所宣稱的學生受教權，學科專家質疑小學教師的學科素養、偏鄉小校學生的低成就……種種議題，慧慈老師分享的故事正告訴世人這些問題的多面性。慧慈老師堅持教師專業自主，帶動教師會組織學習社群發展校本課程，邀請同學年教師共同合作、自辦研習成長、教師間混齡（跨年級）教學、教導學生如何與不擅長班級經營的老師互動，為不擅長班級經營的教師提供簡單好用的策略，並且教導教師心寧靜，她的故事訴說出一個教師如何透過專業成長堅持自己的教育理想。

宋氏教學很像一〇八課綱所強調的素養導向的教學，學習結合學生生活脈絡、實作探索、主題統整、自主學習等。當社會正批評一〇八課綱實施還沒準備好時，慧慈老師提醒的「完美是行動的敵人」，值得大家省思。教育是否應該期待完全準備好？以學生為中心的教育須結合學生的生活，情境、動態、探索學習的實施需要教師的專業，教師除須具備學科知識外，還需要教學知識和學科教學知識，尤其是小學教師。每位老師都如慧慈老師一樣，由菜鳥教師到精熟教師，期間需要信任和支持，「互動、共好」不應該僅放在學生身上，大人社會也應身體力行。建立教師學習社群和教師專業成長的資源，讓教師專業成長跟學生一樣，可終身學習。

感謝慧慈老師在本書分享她的教師生涯發展史，除了提供台灣教育改革的教室現場的記錄外，也是教育工作者很好的借鏡。如何讓有熱忱的老師持續堅持理想？如何讓有教育愛的老師落實夢想？社會不應該將教育問題僅針對教師檢討，複雜的問題更不應採單一的向度思考，不適任的教師如今仍存在校園當中，各級教育行政、家長和社會媒體難辭其咎。

感謝慧慈給我機會先睹為快，讓我在此呼籲教師專業的重要。如果你重視孩子的教育，就請尊重教師的機車，教師的專業，就是在保障孩子的自主學習的權利。「你的孩子不是你的」，每個學生的自主學習應該透過教育來引導和培養，不應期待隨著年齡成長而自然發展出來。

推薦序

二等老師的受害者

蔡匡忠
國立高雄科技大學教授

我是宋老師在雙溪國小所教第二年的導師班學生，當時小學六年級，到現在已經三十多年，許多發生的事依然歷歷在目。身為二等教師的受害者，我親身還原案發現場的一些行徑，應該頗具說服力吧！為了展現罄竹真的難書，我以條列的方式來逐一托出。

一、小六國語有一課是辯論會，宋老師竟然不是告訴我們辯論會的進行方式就好，還要我們班上三十個學生組成六隊，要打循環賽，題目包括〈是否廢除死刑〉……等——三十多年後的現在，大人還吵不完的無解議題。後來老師江郎才盡想不出題目，甚至要我們自己想題目來辯論。這樣的教法害我們從小就太會思考、太有想法，不再是乖乖牌，而且很會辯（ㄔㄠˇ）論（ㄐㄧㄚˋ）。

二、那時的我們每週都要寫書法，每週一檢查時老師會將寫得好的部分圈起來，但如果寫得未達水準，就要重寫隔天再交。我常常寫到週四才通過。這樣的虐行，害我到國、高中之後都要代表班級去參加書法比賽，連當兵時還要寫全營舍的春聯。

三、老師要我們分組播報新聞和氣象，我們分組討論後，有的同學去錄新聞片頭、有的摘錄新聞重點、有的記錄氣象、之後還要模仿電視的方式播報，害我們講話台風太好、還有抑揚頓挫外帶手勢，講話變得太有氣勢。此外，分組合作害我們太能與人相處、能協調，害我們自我意識太少。

四、老師要我們練習即席演講，抽到題目後三分鐘後就上場，讓我們思考太快速，組織能力、信心、膽識都太少，害我國、高中甚至到當兵都要去演講比賽，國中時還代表全校比賽，都不能好好讀書。

五、老師上課一開始要抽籤回答問題，後來甚至要我們舉手搶答，但老師卻常點那些不舉手的同學，讓我們無所適從，想專心安靜聽上課內容都不行。

六、每到節慶，我們就要設計海報貼在社區公車亭中。我其實沒什麼美術細胞，有一次我好不容易做了一張海報得到老師的誇獎，下一次我就依樣畫葫蘆只改節慶名稱，想說之前被誇獎再複製一下應該不錯，沒想到被老師訓誡了一番，說要培養我們的創意及創新，竟不讓我將好的設計多用幾次。

七、有一次老師問大家一個問題：「有一位單眼失明的國王要畫肖像，第一位畫師把瞎眼如實畫出，被殺了，第二位把國王畫成沒有瞎眼的一般人，也被殺了，如果你是畫師要怎麼辦？」同學們有人想到畫成國王親吻皇后、或看望遠鏡等方法。我都想不出來，老師難道不能好好教課文就好嗎？問一些不切實際的問題。

八、老師寒假時帶同學們去王老師（也是師丈）老家住，師丈老家是在雲林口湖鄉的漁村。我們這些台北小孩不但體驗了不同的漁村生活，臨走前還讓我們一人帶一包蛤蠣回家，路程中要搭火車、轉客運，交通安全都不顧。

九、我們的畢業紀念冊不是只有校長、主任、老師寫寫勉勵的話，或是同學寫寫勿忘我、放放照片的本子，而是我們自己網版印刷、手工絹印做出來的，但老師自己貼了不少錢，真的沒有成本概念！

十、我們畢業幾年後，老師離開雙溪國小搬家到師大附近，後來又搬到新店，每一次都邀我們去她家玩、請我們吃飯，多年後還記得我們的名字跟發生的事，想擺脫都擺脫不了。

其實我還想到好多宋老師當年逼我們課業、帶我們校外教學……等等讓我們雞犬不寧的「整學生」行徑，但不知為什麼，我在國小畢業多年後，在老師生小孩、五十歲生日及退休時，都有買花去送老師，想跟老師表達些什麼，尤其是老師五十歲時，我還大費周章去查老師在宜蘭教書的國小、打電話確認，再匯款去宜蘭的花店，請花店依地址幫我送花，想給老師一個surprise。我難道有被虐狂？

在我成長的過程中，每當在書法比賽、演講比賽得獎時，在我有許多想法並能快速組織想法時、在我能侃侃而談上台比較不緊張時、在我有許多創新的idea時……我知道，在我小學六年級時已經打下了基礎，讓我在之後的求學、留學、工作上能有好的根基繼續發展。甚至在我自己當了老師後，我才發現原來在「整學生」時，更多的是「整自己」，而要經營課堂，讓學生可以保持專注並持續思考不是容易的事。此外，在學生畢業後，還能記得跟學生相處的點點滴滴，那得要用多少心。

於是我在老師的書《啟動孩子思考的引擎》出版後，邀老師來高雄科技大學（當時是高雄第一科技大學）演講，希望她來教教大學教授如何引導學生思考。當我在引言時，跟在座老師們介紹講員是我的國小老師時，大家都十分驚訝，會後不但給宋老師的演講很高的評價，也對我在小學能遇到這樣的老師表示羨慕。

教育部這幾年開始在推動的「創意、創新、創業教育」，也是我在學校兼任研發長及產學長的業務。在推動的過程中，我發現台灣的學生太懶得思考、太害羞、不敢冒險，我更體會國家需要的主人翁不要都是乖乖牌，而是有許多創新想法、能思考、能表達並能接受挑戰的未來人才。這讓我更驚覺宋老師在三十多年前教給我的有多麼前瞻、多麼好用、多麼寶貴！

宋慧慈老師，謝謝您對我們的用心、給我們的啟發，以及在我們還在小學階段就為我們人生奠定的基礎，在我的心中，您從來都不是二等教師，是永遠在學生心中的特等教師！

喔！其實我是毛遂自薦來寫序的，很像宋老師的學生吧，哈！

推薦序

用愛轉動生命成長的漩渦

馮仁厚
群仁管理顧問公司總經理
前中華民國激勵協進會理事長

初看這本書的內容，會覺得是一位很有個人特色的老師，自敘教學生涯的經驗與成就。當你仔細看完之後，會發現這是一位為追尋生命教育的理想、活出自己教育理念的傑出老師，詳細記載她的老師生涯之成長史，或說是血淚史。對於想投入教育事業的人、或已經是身為人師的人，都是一份難得的寶貴參考資料。

慧慈老師，是一位難得的有理想、為使命感而活出自己生命力的老師，也因此得到「機車老師」的封號。她為了實現「以學生為中心」，發展讓學生「帶的走能力」的生命教育理想，從初任老師的時候，單純堅持自己的「教育正確」，而與學校行政人員、老師及家長有許多衝撞，帶給她自己許多挫折與歷練。到退休前在宜蘭的竹林國小，雖然還是很多老師及家長「敬畏」的「機車老師」，但已經成熟的將生命教育的理想，融入班級經營、引領學年教學群的合作、更贏得家長的有力支持，帶領學生用愛轉動了生命成長的漩渦。慧慈老師詳細記錄了這成長與發展過程的經歷、內在心靈的轉折，以及用提問對話啟動生命教育的種種實戰紀錄，這本書真的很難得。

我個人一直在企業界工作，透過慧慈與華沛夫婦的因緣，與中華民國激勵協進會的夥伴一起參與，為學校老師們舉辦自費的「對話教學」相關的營隊，才跟學校教育結下近二十年的緣分。在生命教育的領域裡有好夥伴一起耕耘，是我人生的幸福時光。

在參與活動與學校老師們有深度互動之下，對學校教育也有很不一樣的發現，深深的感受到在擔任班級導師的老師們，他們所面對的不是只有對學生的教學，而是一個複雜的「生態系」，是從每個學生、家長、學校行政人員、社區的社會結構、地區的教育機關、一路到教育體系及社會環境所構成的複雜的生命成長的體系。在這麼複雜體系的轉軸點，就在負責班級經營的級任老師身上。由此就可以想像，有理想的老師要轉動這麼複雜的生態系，來實現自己的教育理想，會有多麼不容易，要面對多少挑戰，要有多強的使命感才能堅持到底來實現理想，而慧慈做到了。

慧慈用她的生命歷程，寫下了這份難得的轉動生命成長生態的紀錄。要轉動教育生態系統的力量，與在企業界進行經營變革打造生命力的要點，「定見轉換」「系統方法」「對話精神」，有異曲同工的呈現。

在這本書中，可以清晰地看見慧慈老師的自己與引導學校同儕及家長們的「定見轉換」，從堅持自己的「教育正確」，到體察到其他老師、行政人員及家長的各種不同及資源能力的限制，從「土虱」變「菩薩」，把自己的理想也融進別人的理想，而發揮學年教學群的最大協力；也幫助家長從注重「考試分數」到看見孩子的「能力成長」；沒有這些「定見轉換」就成就不了「機車老師」的卓越教學。在轉動生態系統的過程中，需要有系統的啟動每個人的力量，從「與人為善」「善與人同」到「以順為正」，面對每個改變，都必須先建立信任關係，才能落實創新與改革。這些過程需要有原則、有次第的思考與建構執行方式，也就是要掌握轉動人性的「系統方法」。慧慈老師透過有層次提問的「對話精神」，以傾聽、接納、回應把每一個在這生態系統中的人，透過尊重生命連結起來，產生轉動生態系統的力量，把對人關懷之心融入在每個教學的環節，啟動生命的成長。

慧慈老師不僅創造了學生們的生命成長與能力養成的成效，從班級經營、學年教學、到跨校際活動、全國性活動的舉辦，都得到成功與豐碩的結果，真實的展現了「用愛轉動生命成長的漩渦」。對於想投入教育事業的人、或已經是身為人師的人，千萬別錯過這本寶貴的書。

推薦序

一位專業教師蛻變的歷程

鄧美珠
臺北市士林區劍潭國小校長
十二年國教課程總綱宣導講師、
課程審議大會審議委員

認識慧慈老師已四十五年了。記得當年就讀師專時，我們是學校壘球校隊的隊員，我四年級時她剛入學一年級，一起在學校打球的日子雖然只有短短兩年，但是因為我們對教育與球賽同擁熱情，常常無話不談，加上她喜歡跟前跟後與我同進同出，可說是情同姊妹（當時許多同學都誤以為她是我的親妹妹），因此對她的了解頗深。今欣聞我親愛的么妹慧慈新書發表，身為二姊的我不只有幸預覽更同感榮耀！

宋慧慈老師是教學創新與班級經營都傑出的一位老師，近年來有許多著作，包括《啟動孩子思考的引擎：活用四層次提問的有效教學》《啟動孩子思考的引擎：現場對話教學示範》《做情緒的主人：「心寧靜」情緒管理教學》《每個孩子都是寶：與「特殊生」快樂共舞！》等，都是大家稱道的作品，尤其FB有許多的粉絲更奠定了她在教育專業的地位。

此次推出新著《當怪獸家長遇見機車老師》一書，以本身豐富的成長背景與專業的教育知識，結合在六所服務學校三十年的實務經驗，提出迥然不同於傳統班級經營之獨特細膩見解，對教學現場的老師與家有中小學孩子的讀者可說是最佳的分享與學習機會。

我發現一位專業教師的養成，受其學習與生活成長歷程影響頗鉅，尤其當慧慈能有智慧的不斷省思、反芻，更是其成為良師的養分！慧慈在這本書裡，娓娓道來小時候是被寵溺的天之驕子，小學當班長身兼導師，教學、班級經營一手包，參加演講、朗讀、書法等比賽是常勝軍，但是對於丁班成績優秀的葉同學，鋼琴彈得好，乒乓球都是首席，雖忌妒卻也知道人外有人要努力；國中的叛逆期對老師的好惡雖溢於言表，但對用生活事例教學，卻被校長糾正的物理老師的喜愛卻也只能同情，尤其是國三時數學老師用紅筆在退步很多的分數旁邊寫了大大的四個字「驕兵必敗」，以及國文老師的一句「自暴自棄，害的是自己！」才喚醒迷失的慧慈！書中寫來雖然逗趣又具故事性，其實是在述說慧慈一路走來，遇到許多滋養她的貴人，這也是為何慧慈曾在教職生涯中，不斷蛻變成為學生的貴人之原因了！

進入師專就學，老師們的口吃、打混、高音傳腦、「骯」「安」發音混淆、語無倫次、死氣沉沉，通通被慧慈歸為無法忍受的機車老師，加入壘球隊又成了集三千寵愛於一身的老么，還有集訓的點點滴滴及魯啦啦的訓練，都讓慧慈骨子裡叛逆的血液再次沸騰！

初任老師遭遇的不公不義與學校造假作為，加上自己的經驗不足（體罰學生）與勇氣十足（大膽帶學生爬山涉水），在在都讓純真、正義感強烈的慧慈受到衝擊；轉換學校與高、低年級學生的差異，努力關懷被誤解，用心教學得不到掌聲，也讓慧慈吃足苦頭；誠實、正直的經營合作社卻換來同事的嫌惡，還成了全臺灣教育史上最奇葩的合作社賠錢經理；「教學評量改進班」遇上慧慈這個伯樂，迸出許多燦爛火花，卻也從科任變成級任，有了更多與恐龍家長過招的機會；在景美溪畔重拾被冷落好一陣子的桌球拍，為營造和諧的校園跳入行政與教師斡旋的火坑，卻也因為轉念成就非凡的教育理想；移居宜蘭後因為恃才傲物成為傲慢的麻辣鮮師，卻也為這個偏遠小校貢獻心智的熱情；轉到冬山鄉的迷你小校與十個孩子結上師生緣，更透過「城鄉交流」帶給孩子許多的學習與美好回憶，真正落實九年一貫專業自主課程精神！不斷展現對教育的熱情與精進自己的專業，不只讓慧慈和學生成為新聞版面的常客，慧慈更成為各校、各縣市競相邀請分享的講座老師。

慧慈的成長歲月精彩非凡，書中有許多與夫婿的對話，雋詠而耐人回味，看似夫妻間的鼓勵，但蘊含高遠的教育理想願景，細細品味能洗滌教師蒙塵的心靈，找回教育的初衷，我極力推薦這本好書！

推薦序

「自反而縮，雖千萬人吾往矣」的氣魄

卓惠珠（花媽）
知名部落「幫助高功能自閉與亞斯伯格」版主

宋老師說：「不夠機車，鐵定接不起這個燙手山芋。」是的，我非常有感！

宋老師這本書的內容很充實，讀者一定能有所收穫。我不夠格談論一生都奉獻在教育裡的資深老師的心血，所以我拐個彎來講番外篇。

讀完初稿時，私下跟宋老師聊起這二十多年來，教育讓人驚喜變革。官場現形記不能提，所以我就談談自己的事。

我的孩子在一九九七年入小學的時候狀況層出不窮，當時對教育體制不滿的我，抱著一股「我來學校試試看、教教看」的高昂鬥志，進了學校當代課老師。孩子一年級下學期我當短期代課，二年級開始，我就成為長期代課老師了。

帶班當導師的那年，一開始我企圖當孩子們的朋友，開學後一個月過去，我卻必須說話越來越大聲，才有辦法好好的上課。在那個時候，我已經深刻的了解班級經營的重要性了。

一個班有三十五個學生。在我兼任六年級班級導師的時候，第一個震撼便發現，教三十五個學生，原來我要面對的不是三十五個人，而是三十五個家庭。

班上看似沒有任何特殊生，但事實上，在我當導師的時候，也許是因為自己身為特殊生家長的敏銳度（兒子當時確診為高功能自閉症），我覺得每個學生都很不同，幾乎都需要特殊的教育對應。

我看到了班上可能是「選擇性緘默」的學生，但聯絡家長，家長認為孩子還好，在家裡講話正常。基於我自己的經驗與對選擇性緘默的敏感度，我還是動用了班級集體協助的力量，讓孩子在教室裡能夠有些許的表達。

還有個孩子是全家唯一的聽人，卻從沒有人想到他的未來，必將承擔全家日後使用言語表達的責任，以至於到了六年級，還自由自在夜不歸營。這孩子到高年級仍只會仿寫，於是我把他呈報到輔導室，希望由資源老師跟志工協力合作教導，讓孩子能適度表達，我則請班上的小老師協助他練習電腦打字，讓他真正的開始為自我學習。

還有一位隔代教養的阿嬤，帶著她很皮的孫子跟我說：「老師，我孫子不乖你就打！」我不打人，也覺得這孩子心慈，所以每天下課後仍讓這孩子跟著我留在教室，直到寫完功課再回家。到上學期學期末，班上總有六、七名男同學志願留校，一起寫完作業才回家。甚至到了後來，學校的校工每天最後檢查的地方，都是我的班級還有沒有人，只要確定了我們班的學生已經全部離開，就可以安心關上鐵門的狀態。

有個孩子為了交朋友，帶著其他幾個同學偷好幾輛腳踏車回家，這件事讓第一次當導師的我，完全不知所措的哭了出來。後來透過輔導室、教務處以及訓導處的全數介入：輔導室主任花了好幾節課為全班做生命教育；教務處的同仁教我如何處理善後；生教組的組長沈祥琳老師花了非常多時間對這群孩子諄諄教誨。

在短短幾年的教學的路上，因為曾經當過老師，也有教務跟輔導的行政經驗，所以深刻的感受到學校整體合作的重要性，也深深感受到，老師真是一個百年樹人的工作。

我回想這短短幾年的任教過程中，雖然曾經孤獨、不快樂，卻也從本來的恐龍家長到代課老師的身分轉換中，學習到學校是一個小型社會，大家分工合作各司其職，用各種方式在面對甚至解決各種人、各種問題。老師的這個職務，有時候的確必須要有點「機車」！

宋老師在退休之後，依舊是個用熱情愛人、也被人們用熱情擁抱著的，很不一樣的老師。「自反而縮，雖千萬人吾往矣」的氣魄瀰漫全書。在龍安當賠錢經理如是，在「教學評量改進班」亦然。每讀一段就為老師捏一把冷汗，實在難以想像，這麼直白的紀錄，會引起多大的風浪。

儘管如此，我也看到了支撐這些紀錄和風浪背後的勇氣，除了宋老師本人的堅毅，更有華沛老師的愛！

推薦序

機車老師的智慧與慈悲

陳志勇
宜蘭縣東光國中校長

我必須承認，慧慈老師真的很「機車」。記得一〇六年元月，她帶著我一起到馬來西亞吉隆坡中華獨立中學分享推動「校園心寧靜」的經驗。她主授課程為「四層次提問在教學上的運用」，精彩的示範教學以及幽默、生動的實例分享，讓她贏得滿堂彩的掌聲與讚賞。不過，在教學經驗交流時，獨中一位歷史老師，用BBQ形容納粹集中營的慘狀，讓她深覺不妥，因為缺乏了尊重與同理，有失教育專業。不以為然的她，當場翻臉，不假辭色地表達她的不滿。霎時，讓研習會場氣氛，降到冰點，當下也讓我見識到她的「機車」。事後回想，在人家的主場能夠這樣「機車」，還真的蠻需要「道德勇氣」和對「理念堅持」的義無反顧，而這也是她讓人最佩服的地方。

看完這本書，彷彿走入台灣教改的時光隧道，很多當時她驚人意表的教學作為，如「學生中心」「跨域主題教學」以及著重探究、實作的「素養教學」，都已成為當前十二年課綱的基本規範，而在這過程中，她所曾歷經的誤解、不滿與挫折，都只能說是一個有智慧的「先行者」所必然要承擔的課題。很高興在教育生涯裡能與這樣一位特立獨行的智者，有所交會。慶幸的是，我不是她的校長，也因此少了這些磨難，但卻在不同教育場域領略了她的慈悲與智慧。那年，宜蘭縣承辦全國自閉學生夏令營，身為志工組長的我，親眼看著她以熱情與用心培訓志工，讓志工成為守護這些星兒的重要力量，而掛名總顧問的她，不僅全程參與，更是嚴格管控活動的進行與品質，也因此讓來自全國各地的自閉症家庭和孩子，深深受感動和留下最美好的回憶。

至於，與慧慈老師有更多的交集，則受惠於「心寧靜運動」。是她大力的支持與協助，才讓當時我所在的學校成為全國第一所全面推動心寧靜的學校。由於實施成效斐然，也因此讓學校備受讚譽與肯定。而推動過程中，她的全面關照與時時給予學校老師激勵與回饋，更是心寧靜能夠順利成功的主因。她在書中引用南懷瑾先生的話：「心靜極，則智慧生。」我卻覺得她的智慧是天賦異稟，她的慈悲是天生衷腸，真正人如其名，但這樣的智慧與慈悲，真的，還是掩蓋不了她有機車的一面。

推薦序

親師溝通的百花盛開

王意中
王意中心理治療所所長
臨床心理師

閱讀《當怪獸家長遇見機車老師》，不時替慧慈老師捏一把冷汗，看著她在體制內，衝撞著慣性的體制，也讓自己不時暴露與深陷在麻煩之中，讓教學生涯顯得驚濤駭浪。但這一切，在在以孩子需求為中心出發，而無怨無悔。

慧慈老師有如誤入叢林的小白兔，然而，卻是一隻活力十足、充滿幹勁、不願服輸的小白兔，奮力跳脫出與其他傳統老師不一樣的親師對話與教學風采。

回顧慧慈老師的教學，宛如一場走在鋼索上的實驗嘗試，在制式的教育體制中，如果沒有足夠的熱情、勇氣與韌性，我想，在跨出的那一剎那，已被現實底下的萬丈深淵給驚嚇而卻步了。

對於第一線的老師來說，真正的挑戰，不只是單純在課堂上與孩子們的過招，有時，反而是親師之間的溝通，更是一道門檻極高的學問。

閱讀《當怪獸家長遇見機車老師》，書中讓我們看見了慧慈老師那股不安於現狀，全身充滿著可能性。對於習於安於現狀與舒適圈的家長、老師或同事，真的是如坐針氈。但經過慧慈老師的一番洗禮之後，卻讓我們開啟了許多思考的空間，打破了許多教學的慣性，而讓自己學習面對與改變。

慧慈老師三十年教學生涯一路走來，有如教育的先行者，很是孤單。但從慧慈老師身上，讓我們看見了，只要是對的事，就義無反顧地排除萬難堅持去做的態度。縱使在那當下，可能得面對周遭他人的冷言冷語。還好，慧慈老師的熱情滿檔，耐磨耐操，十足的抗壓性，再加上長期以來，華沛老師如智者般的引導、加持與陪伴，幻化出繁花似錦的教育理念。

推薦序

搶先一睹這段精彩的生命旅程！

胡展誥／諮商心理師

「生命」像是一列乘載著生離死別的火車。

離別是必經的功課，偶爾也會有很美好的交會。而我與慧慈老師（以下稱老師）的相會，是從臉書開始的。

我追蹤老師的臉書，起因於她陪伴既疼愛她、又扮演著人生重要引導者的先生的治療歷程。老師在病床邊的書寫，一直吸引著我默默「跟隨」著她的陪伴過程，時而跟著開心、時而擔心，更多時候是羨慕他們對彼此的理解與默契。

接著我開始慢慢閱讀她的每一則動態，才發現：「這個長輩好倔強啊！」每一件她想做的事、認為對的事，都是那麼堅持、毫無妥協地去完成、去實踐。但是每當她依偎先生身邊時，突然又變成一個脆弱、淘氣又時時撒嬌的小女孩。

「哎呀，這對夫妻也太閃了吧！」每次我都在心裡羨慕著。

直到那一天，我在新竹車站第二月台滑著手機、等待前往台北演講的自強號。臉書頁面跳出老師宣布師丈離世的消息，望著螢幕，我忍不住紅了眼眶，在火車上頻頻拭淚。

這本書是回顧生命旅程的自我敘說，老師精湛的文字讓閱讀無比流暢。但我知道書寫的過程是很艱難的，因為每一片故事的拼圖，都鑲嵌著兩人的回憶。每回顧一次，就得面對一次椎心的心慟。

那種真實面對內在的情緒，並且一字一字書寫的行動需要無比的勇氣。喔，對了！還有對摯愛深刻的承諾。

很榮幸能為這一位自嘲為機車又好動，其實內心充滿天真與溫暖的老師寫推薦序、因而幸運地搶先一睹這段精彩的生命旅程！期待她從非洲回台灣後，我們可以一起泡杯熱茶、聽她分享這一年來在非洲的足跡與奉獻。

推薦序

是機車還是擇善固執？

陶曉清／資深廣播人

讀慧慈這本書，腦海中卻一直出現華沛的身影。

在成為「王太太」之前，她誠實交待了一位奇女子如何因她的天生基因，再加上家庭教育、手足之間的互動，以及求學生涯中的各種養分，造就了這位「機車」老師。

但正如她自己的前言、後語中都提到的，在她擔任老師期間所有的「機車」

行為，在華沛的支持鼓勵下，我們看到她一路走來的心路歷程。那些過程都十分辛苦，許多時候，看到她幾乎是在孤軍奮戰，特別是孩子還好小，老公又遠在美國求學那個階段，真的好心疼啊！

但是慧慈總是能找到自己的方向和繼續堅持下去的理由，或是決定到此為止，「老娘不幹了」！

我最敬重她的地方在於，不論發生了讓她多麼受傷的事，她當然會有各種的情緒，但她也會深刻的省思，然後勇敢的承擔自己的「參與」。

若非如此，「機車老師」怎麼可以「慈眉善目」的變成「菩薩」？

我也很想告訴華沛：

放心吧！你心愛的老婆身邊，有好多疼愛她的人在關心支持著她。五年來她的傷痛雖然仍在，恐怕也不太可能消失，但是她用自己的方式，一直在好好的過日子，繼續在教育的崗位上發光發熱，散播愛的種子。

我在這本書中不斷看到你的身影，看到你對她的影響。

她過的自在，你才能安心吧！

所以慧慈，請妳繼續誠懇的生活，繼續的帶著菩薩心腸去堅持自己的初衷吧！

前言

關於這本書

會有這本書，要感謝外子的遺願。

「阿寶的天空」網站裡的特教電子報，是外子在民國九十一年一月一日創刊，並擔當主編。其中的「教室傳真」是他悄悄為我而設的專欄，他把當時我因應九年一貫課程需求而努力與家長溝通的每週教學手記，同步分享給電子報的讀者。我很感激外子看見我在班級經營上的用心。

外子退卻那一身臭皮囊後，我在民國一〇四年二月四日當期特教電子報的「教室傳真」這麼跟讀者分享：

……華沛已於上週四的一月二十九日上午七時十分，走完他人世的最後一哩路，輕鬆且自在的放下塵緣了。

他的遺容安詳且寧靜，讓我能放寬心的揮別悲淒與哀傷，然後聽他的話趕快回到正常的生活。

「主編」顯然應該要換人了，但，為了我可以長長久久的懷念特教電子報的創刊人，我願意為「教室傳真」這個專欄繼續努力。

一〇六年七月五日發報的第六百期「教室傳真」，卻讓我哭慘了。我以為「喪偶」的失落已經淡了。居然在完稿，按下傳送鍵時，哭了一個多小時。

向創刊人致敬也致謝

由我執筆（策劃），連載了六百期（長達十五年半，將近一百二十萬字）的「教室傳真」專欄，將在這期跟讀者們道別也道謝。

我在創刊人王華沛老師離世後，繼續耕耘了五十五期，而選在六百期向讀者道別、道謝；也藉「六」的吉祥，向創刊人——我的摯愛「王華沛老師」獻上我最深的敬意與謝意：願您一切都順遂。

感謝先後筆耕過「教室傳真」的教育伙伴，也感謝長期支持本專欄的各位讀者，更感謝十五年來，不同階段的編輯朋友。

為咱們曾經擁有的生命交會，乾杯。

外子在健康無恙的時日，就經常對人提及，把我在「教室傳真」專欄裡超過百萬字的文章分門別類，可以依五個不同主題集結成冊：和諧的師生關係、合作的親師互動、融合的班級經營、全納的生命教育、創新的對話教學。多麼感謝三十年的教學生涯，一直有外子的肯定。

外子揚升四年又四個月的那一天，這本書的主編遠流出版社副總編輯鄭雪如小姐，看了前五篇的初稿後傳訊息給我，說她正在整理這本書的新書簡介，她很好奇我如何把機車老師三十年的過動資糧，陸續用在教學、甚至是與海外的緬甸和非洲孩子的對話上；她更問了一個關鍵的議題：一〇八課綱預計今年八月實施，教改一改再改，有什麼重要的理念，是我三十年來的教學中，變與不變的主軸？

唉呀！能回答這個「變與不變」大哉問的人，已經在天上了。

關於「我的變與不變」，我認真思索了幾天，驚覺都與外子有關。「會變」，是因為外子的牽引與指導：「不變」，也是因為外子的穩定與信念。

我的好勝心很強，自信心卻極弱。常常在面對別人的提問時，就不開心。

外子總勸我：妳不說清楚，怎麼讓人家支持妳？

我的行動力很強，反思力卻有待加強。常常在面臨同事的遲疑時，就不歡喜。

外子又勸我：妳無法等待，怎麼會有妳的團隊呢？

感謝外子在我三十年的小學教職生涯剛柔並用的指引我，在病床上仍鼓舞我要整理出這本書；更感謝外子縱然已為癌末所累所苦，仍為我擬了書的三個架構：「機車，不是一天養成的」「與機車老師共事的校長們」「當怪獸家長遇見機車老師」。後來，我自作主張的，將這三個架構攤成「時間流」的寫作方式，相信外子一定會再次接受我的善變；我也把原先我們說好要「夫妻共寫的雙作者」，在恰當的字裡行間，如實藉由外子的「說」，呈顯了他在我教學路上的激勵、扶持與關懷。

這本書，從我自己成長、求學歷程中所遇到的種種機車事件開場，逐一回顧我在先後任教六所國小的機車教學，乃至退休後推動「心寧靜」情緒管理教學時，與自己的生命無常對話。

不論是與家長的周旋，或者是對校長的挑戰，都是血淋淋的機車故事；尤其是對體制的衝撞，絕對可以作為初任教師的參考，也一定可以讓自以為遇人不淑的基層老師當借鏡；關於家長的「參與，不干預」，書上許多真實案例，能讓熱心支援教學活動的爸媽，免於被貼上「怪獸家長」的標籤；本書也提供給校長等相關行政人員，可以從我踐行理想的衝動中，獲知如何對一個敢衝敢說的老師給予到位的溫暖回應，如何對「機市與創新」有一份善巧的轉念，讓身為行政領導者的自己，在充分授權時，少一些提心吊膽，而為校園締造「雙贏」的共事環境。

最後，期望藉由我勇敢的披露與坦率的敘述，對台灣的下一波教育改革能有些許建設作用，讓台灣的親師生對話關係，有效也有笑。

1

機車，不是一天養成的

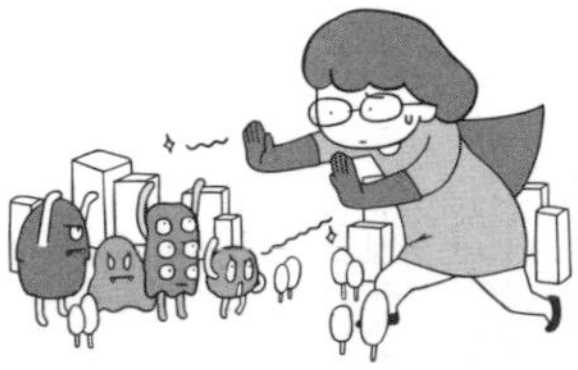

我不知道我未來的前途是什麼，只覺得「體育」「美術」「音樂」等所謂的副科，都拿來考國英數理化的日子，真是浪費我的青春；寒暑假及所有的假日，都還得起早趕到學校，聽沒有教學技巧的老師上無聊的聯考加強課，好無奈。

我這一生的幸福，都很「機車」。

屬豬的，本就好命。又是原生家庭的老么，被爸媽寵愛，想當然耳；嫁為人妻，當公婆五個兒子的么媳婦，拜「嘴巴甜」之賜，更得婆家兄長姑嫂們疼愛。

曾經和外子比誰的成長過程比較坎坷。相較於外子歷歷在目的侃侃而談，我絕大多數的回憶，都是借用「聽說」。

小時候

聽說我一出生，就百病纏身，愛哭鬧的程度，是全公路局草屯檢修班宿舍一等一的；聽說我愛哭愛跟路，惹得姐姐們好厭煩，但是她們也無可奈何；聽說，爸爸愛酗酒，發起酒瘋，會亂「發」新台幣；聽說媽媽高血壓，每到學期註冊的前夕，偏頭痛更厲害；聽說爸爸愛打腫臉充胖子，一遇伯父姑姑們來訪，媽媽就要厚著臉皮去借錢，來招待如蝗蟲過境般的親友……

聽說、聽說、聽說……

所有我能說給外子聽的「關於我小時候」，都是聽說。都是我長大了，姐姐們在茶餘飯後的談笑間，指出我是多麼幸福。

我的記憶中，真沒有吃過姐姐說的故事中那些苦頭。雖然窮，媽媽總也幫我打扮得漂漂亮亮的，還幾度被鄰居找去當花童，媽媽都會親手為我縫製花童服；雖然窮，過年過節的拜拜後，媽媽一定留雞、鴨、鵝腿給我；雖然窮，媽媽從菜市場買菜回家，必定帶回我最愛的點心，可能是包了花生的麻糬，可能是我一次吃不完的「萬壽肉圓」；雖然窮，媽媽不會勉強我要跟姐姐們一起做家庭代工，放任我在宿舍中庭玩到中暑，刮痧後，還有沙士可以喝。

記憶中，爸爸是一位疼愛我到寵溺的天才老爹：會釣魚、愛打獵；手工之巧，沒人能比；文筆口才之好，無人能出其右；我想要什麼學用品，只要開口，爸爸都會滿足我。更棒的是：在公路局台中站當駕駛員的爸爸，三四天回草屯一次，我就有麥克麥克的零用錢。在鄰居小孩兒都捨不得穿拖鞋、只能打赤腳的年代，我竟會為了爸爸要回家了，得趕緊把他買給我的漂亮拖鞋穿上腳，真是羨煞鄰居玩伴。我是這麼被爸爸寵大的。

如果他知道我上幼稚園的第二個月，吃了一天點心後，媽媽因籌不出幼稚園的月費，而叫我留在家中，他一定會氣急敗壞的責怪媽媽，不應該讓他最心愛的老么輸在起跑點上。

桀驁不馴的班長

上小學了，我的姐姐留給我在草屯國小滿滿的庇蔭。只要在校園裡，聽到「宋慧慈」三個字，老師、主任，甚至校長都會跟我說：「加油！妳的姐姐都好棒。」

因為姐姐的天賦異稟，我被老師「錯認」我也有相同的遺傳基因。印象最深刻的是小一就被老師指派代表班上去參加畫畫比賽，題目是「動物園」。望著四開圖畫紙，整整一節課過去了，我的腦袋完全沒有「動物園」的畫面。下課了，高年級的學姐來探望我，很心急、應該也很心疼我的圖畫紙上一無所有。學姐拿起蠟筆，感覺只是一瞬間，一隻栩栩如生的孔雀就出現在我的畫紙上。畫完孔雀，上課鐘聲響了，學姐交代我繼續畫別的動物，就離我而去。最終我的畫面就只有「那一隻」孔雀，當然也沒得名。

小小年紀對姐姐們經常獻給爸爸媽媽的獎狀，而成為家中的特殊壁紙，我是羨慕得不得了的。沒想到第一次出師的畫畫比賽，就無功而返。記不得姐姐是怎麼安慰我的，那一次的心靈創傷，讓好強的我，吞下好大的恥辱。

一年級頒發學習優異獎，每次月考都第一名的我竟然沒得獎，這件事對我的打擊甚大，雖然媽媽說沒關係，我還是很不甘願。就假傳聖旨的跟老師說：「媽媽知道我沒有得到學習優異獎，叫我不要當班長。」老師當時臉上的訝異神情，我也嚇了一大跳。

但我卸任班長沒幾天，得學習優異獎的張同學，竟在一次衝動失手，讓書包的鐵環滑過我的左眼。回到家，媽媽很擔心的立刻帶我去鎮上的眼科掛號，醫生說我眼角膜輕微破損，媽媽還牽起我的手，到經營竹子工廠的張同學家請家長要管束好自己的孩子。

小一和小二的兩年，我數度請辭班長，又數度被任命要當班長。因為除了我的霸氣，再也找不到當老師回家哺乳或處理私事，有哪一位小一、小二的學生可以代理老師維持秩序、甚至帶唸課文、出抄寫作業。

二年級，我如願領到學習優異獎。遞給媽媽時，媽媽說了一句：「我的女兒真不錯。」

二年級，有了新的教學大樓，我們得從舊教室搬到新教室。不知道為什麼老師沒來上班，隔壁班老師叫我帶著同學先去打掃新教室。我指揮若定地先交代一位女同學「掌」棍，看好不用去新教室的多數同學，然後帶著幾個男同學，手持掃具前去新教室。

沒想到新教室有幾坨大便，臭氣沖天。可是同學都不知道要「怎麼」去保健室領消毒藥水，我只得先安排那幾位男生掃地的掃地、擦窗戶的擦窗戶，自己親自出馬去保健室領消毒水，再回新教室的走廊外，用畚斗裝些沙子，先把大便掃起來，再將稀釋的消毒水遍灑大便周圍。好不容易為大便忙了一圈，男同學們都還杵在那兒發呆，我又掛心在教室的其他同學會不會作亂，於是，草草打掃了新教室，就帶隊回教室；然後依黑板上的號碼，打了同學的手心。隔壁丁班的老師來關心「沒有老師」的我們丙班。當知道我已經帶人去打掃了新教室，又沒有聽到舊教室的吵鬧聲，她摸了摸我的頭，說：「好聰明。」

隔天，我的老師現身教室，很不高興地責怪我，說我掃錯新教室了。真是青天霹靂。

三年級的老師也姓洪。大肚便便的她，交付給我這個班長更多的任務和更大的權力。

有一天，來了一群穿大學服的大姐姐，說是要來給我們上課。先是看到老師對著大姐姐們指著我不知說些什麼，我們的老師上課了，一直感覺到大姐姐的眼光都不離我。

我並沒有不自在。下課，我被叫到老師跟前，我胸前被別了一朵紅塑膠花，像小時候當花童那樣的喜氣。下一節課，換大姐姐上台。上什麼我全不記得，只記得同學舉手，大姐姐都不叫他們，整節課好像是我的個人秀。

回家說這件事，媽媽笑笑的回了幾個字：「在演戲啦！」我還是不懂為何要演這樣無聊的戲。

老師去生孩子，來了一位代課的謝老師，是一個好欺負的年輕女老師。我以班長的權力，帶著同學反抗謝老師的所有指令，代理產假期間，不知道把謝老師惹哭幾回，我經常以之為樂。不過，後來我良心發現，給謝老師寫了道歉信。

洪老師產假結束了。我識時務地收斂起非常要不得的惡劣言行舉止。直到又要頒學習優異獎了，居然不是我。我趁洪老師要我放教師必攜簿到鐵櫃的當下，神不知鬼不覺地用漿糊把兩張女同學的獎狀黏住。隔天老師臉色大變，我竟有一份快感。

天之驕女

小學一般都是三、四年級同一位級任老師，升上五年級才會換老師。不知道為什麼，我們四年丙班換了一位年紀大的男老師——S老師。媽媽聽了之後先是嘆了一口氣，隨後立刻補上一句「我女兒功課好，不用怕！」當時真不知道要怕什麼？

四年級的功課，對我遊刃有餘。我開始展露我們宋家在草屯國小一脈相傳的「演講」功力。我的記憶力，可以讓我在開學日一發新課本的當晚，就可以熟背出國語第一課的課文，還可以讓爸爸隨處抽背接龍。這樣的表現，常常逗得已近五十歲的老爸爸開心極了。當然打賞的禮物（零用錢）行情節節上攀。

我當時受到大哥和三個姐姐的疼愛，真可比擬為「天之驕女」。大姐因為心疼媽媽的經濟負荷，初中畢業就沒再升學，提早賺錢，當時她才十五歲。大姐的提早就業，緩解了家中哥哥和妹妹們的學費負擔。

二姐考上台中女中初中部，這件事帶給爸爸無上的榮耀，卻也帶給媽媽要籌學費極大的壓力。還好，二姐的手腳俐落，大清早起床，在上學前，先到檢修班幫忙媽媽擦車子的窗戶，打掃車子的內部，也會在寒暑假接毛線衣的繡花和外銷涼鞋的釘打，這些家庭代工不但足以支付她念台中女中的學費，領到成績優異的獎學金時，還會從台中都會城市買我最愛的炸彈麵包回來飽足我的口慾。我要「遠足」時，還可以跟二姐「點」我要的零嘴呢。

三姐是旭光國中第一屆的優秀畢業生。三姐小學畢業的民國五十七年，正好趕上台灣「九年義務教育」的開辦，新成立的國民中學就設在我家對面的兩分鐘路程。當時，公路局宿舍的鄰居叔叔伯伯們對新學校的老師沒有信心的，都為自己的子女選擇需步行四、五十分鐘的草屯國中。我的爸媽認為：愛讀書、會讀書，到哪一所學校都能讀，況且省下的交通時間，還可以比人家多讀好幾頁。三姐果真沒讓爸媽漏氣，三年國中成績一直是名列前茅。

我讀小四時，家中經濟有很大的轉捩點。大哥念明志工專本來就免學雜費，還有生活津貼，五年級的實習開始，又多了一筆「建教合作」實習費，媽媽的手頭寬鬆不少；大姐考取公路局「車掌小姐」，固定收入幾乎交給家裡，媽媽的眉頭舒展許多；二姐和三姐很會讀書，都可以拿獎學金，我日漸看到媽媽的笑靨。我也開始有零用錢，放學回家路上，可以到小店買點兒零食或玩具。

那一陣子的國家慶典，如：雙十節、光復節、總統蔣公誕辰等節日，全草屯鎮的小學生都要到草屯公園的大拌場集合，先有一些無聊透頂的大人說話，然後，小學生要舉著小國旗到鎮上游行，我是班長，要帶領全班高呼「中華民國萬歲，蔣總統萬歲，萬萬歲」的口號。挺神氣的。

有一次的公園集會，好熱，我到樹蔭下買了一支冰棒，才舔一口，我們S老師以迅雷不及掩耳的速度搧了我一巴掌，我看著掉到地上的冰棒，撫著燙燙的臉頰，覺得丟死人了。

除了那一巴掌，我其實並沒讓宋家丟臉。月考，我極少考到第二名以後的成績。是「演講」和「朗讀」比賽的常勝軍，「書法」比賽也得過獎。從三年級第一次上台演講，好怕被麥克風電到的無知幼稚，到代表草屯國小參加鎮上演講比賽。雖然沒拿回好成績，媽媽說她的女兒已經很不得了了，完全沒遺憾於賞我一套全新的制服去參賽。

失落的副班長

可能是因為哥哥是明志工專的桌球校隊，我有機會學習桌球拍的正確拿法，而在四年級加入乒乓球隊，終於開拓了我「人外有人」的生命視野。

丁班的葉同學，成績優秀，鋼琴彈得好，居然連乒乓球都是首席。對她，我真是崇拜到暗戀。雖然姐姐玩笑地跟我說：我們宋家，只能讓人仰望，不必去羨慕別人。可是，我真的以「葉同學」為偶像。然後，我開始意識到：「我只是丙班裡的井底之蛙」「出了丙班，我就什麼都不是了」。因著這樣的認知，我逐漸往外求。五年級，我有許多的下課時間是跟著丁班往來：我羨慕丁班級任老師的帥、我羨慕丁班的同學可以有機會在遊藝會上表演、我覺得丙班是次人一等的班級。

這一年，我在草屯國小的演講擂臺主地位，被一位學妹取代，學妹的媽媽是學校老師。媽媽知道後，說：這就是社會的現實。

我不知道媽媽的「現實」指的是什麼，我只知道我再也不用背我其實不懂意涵的演講稿，再也不用擔心手勢忘了比，會被辛班的外省老師K頭。

四五六年級都是S老師當級任老師，但我的功課幾乎都是靠自學。S老師的日語很強，經常要帶日本團旅遊，最長曾經有一星期都沒來教我們。我每天會從丁班老師手中接過一張當天的學習進度，其實就是每節課要抄寫什麼內容。我可以一邊管秩序，一邊抄寫我的份量。

五年級，我們的自然課女老師是一位民意代表，媽媽說她作威作福，我聽不懂，但對這位李老師，我有著既愛且恨的心情：她總是叫我把很長篇的重點，寫在黑板讓同學抄，寫完黑板，我還得回座位抄到我的自然簿子。一年的自然課，就僅僅是「抄重點」，民意代表老師從來沒講解過，更遑論實驗或討論。

不過，她每回來上課，總讓我以為這個班級如果沒有我這個班長，一定垮掉。於是，我也就好像甘願受苦。

我的媽媽曾經想對這樣的老師有些建議，因為媽媽早已認知到這樣的教學，對上了國中的我們會不利，可是因為我的月考成績都是滿分，媽媽也就不知從何建議起。其實天曉得我的滿分有多麼的虛。

進入青春期的六年級，雖然我還是老師心目中首選的班長，但開學之始的「班級幹部選舉投票」，我第一次慘遭滑鐵盧。我心儀的男同學受到的愛戴居然比我高許多。他當班長，我當副班長，但老師交辦的事務，都是副班長在執行、在跑腿。討厭的是：很多男生開始造反、作亂。有一個以前都很乖的洪同學，經常出現「小丑」般的言行，惹得同學們哈哈大笑不已，我手持老師的籐鞭打了他手心，他也無所謂，更帶動起男生作怪的風氣。然後，班長也跟著反抗我這個副班長的規定。我只能安慰自己：不要管你們的無聊幼稚了，反正，畢業就不會再跟你們同一所國中了。

忌妒心

離開草屯國小，我跟著三姐的腳步，成為旭光國中第五屆的新生。小學畢業的那個暑假，靠著姐姐的督促，國一開學前，我已經學會了英語的萬國音標，加上語言天分，第一冊的英語會話內容，我幾乎都會了；第一冊的數學，我也大概都做完參考書上的練習題。

穿著旭光國中制服上學，我的信心滿滿。

我編到一年七班的女生班，隨便考都能拿第一名。但我的危機意識，讓我很快驚覺八班有一個土城國小來的美女黃同學是個強勁的對手。書法比賽，她指出我寫錯一個字：「實」，裡面是「毌」，不是「母」。我在內心吶喊：她怎麼可以這麼強？

我開始「注意」她。她長得真是美，任何一句對美的形容詞加在她身上都適用。

我清楚看到自己對她的羨慕，居然還加上了嫉妒，幸好不同班，而且論口才，我遠遠在她之上。

過去旭光國中的編班考試，都是在一升二的暑假，但我們第五屆竟然在一年級寒假就舉行編班考試。考試前一晚，我發高燒，爸媽都為我焦慮。公布編班成績時，我是全年級男女生的第一名。女生好班叫「七班」，次好班是八班；男生好班叫「三班」，次好班是二班。

我跟黃同學同班了。從此，展開我跟她的明爭暗鬥，不只比學業成就，也在人緣上較量。

其實，她很低調，但我認為她很虛偽；她很和善，但我認為她假惺惺。尤其在聽到老師誇獎她嫻靜時，我真是怒火中燒啊！

媽媽一直勸我「個人讀個人的書，不要去跟人家比」。天知道我也想只讀自己的書，可是她的優秀卻一直干擾著我。

國一下學期的導師是原來九班的班導，主教英文，對我很器重。第一次月考，我考了第一名，班導送給我此生的第一支鋼筆。有一次因為同學背英文單字不夠認真，班導氣得丟課本回辦公室，不幫我們上課。我含著淚進辦公室求她不要生同學們的氣，並承諾我會要求每個同學每天要背多少個單字。為此，我學會了刻鋼板、油印考卷，還會跟副科老師借課來考試。

第一次數學月考，全班只有我及格「68」分，奠定了往後數學老師對我的倚重：不但越學越有心得，有幾次的證明題，還是我上台幫老師解圍的呢！

一年級下學期，我在三二九的青年節前夕，被學校通知隔天要一大早到學校去練讀〈總統文告〉，並且要在九點鐘代表旭光國中到草屯鎮的聯合慶祝大會上宣讀。爸爸媽媽都覺得這是一個無上的榮耀。

一下結束，我是女生班的第一名，我沒有很高興，因為黃美女的分數就緊緊追在我之後。我的危機感很強。又聽說她都到教務主任家補習，還有馬路消息說，教務主任都先看過考試卷，去補習的同學都先做過那些題目，我更是憤恨難平。

媽媽說：「不用擔心。妳有妳的實力，等到聯考的時候，就知道我家老么有多厲害。」我完全等不到兩年後的聯考再較勁。我隨時在找黃同學的碴兒：她越是溫柔，我越是看不慣她的低聲；她越是不理會我，我越是瞧不起她的下氣。

可是，她永遠有一股我再怎麼努力，也超越不了的氣質。

升上二年級，我依然高票當選班長，黃美女是學藝股長。對於她的「學藝」專長，我更是嫉妒到無法見容。

有一回，她默默背起書包回家去了。校長和主任開車去土城她家把她載回學校，我不知道我做了什麼，但全班看我的眼光，讓我猶如千夫所指般難受。好像是因為我跟她的水火不容，學校又在我們這一屆二升三時，破例又重新編班。我跟黃美女終於被拆到不同班，我在二班，她在七班；兩班有共同的國文、數學和理化老師，英文則是各自的班導師。

一發布任課老師，我對我們的班導是日語腔的英文發音，很感冒，也埋下我三年級出現一些偏差行為的惡因。

國中二年級的國文科林老師，我很喜歡。她知道我喜歡她三年級導師班的班長，經常拿這話題跟我開玩笑，因為玩笑，拉近了我和林老師的距離，在我和黃美女鬧得不可開交的時候，林老師的話，我最聽得進去。對這位林老師，我永遠記得的是她教我們「麻雀雖小，五臟俱全」這句名言。我在代表七班參加二年級的作文比賽時用上了，也得了第一名。評審是林老師，我會得獎，應該是林老師的偏愛。但，升國三後，她就去鄰近的草屯商工任職，讓我有一陣子的落寞。

二年級的任課老師對於我安排課後輔導的時間，有一些微詞，因為那牽涉到老師們額外的一點點酬勞。其實，我的安排是很客觀、很科學的。我通常先參考同學正遇到學習瓶頸的科目，下一週，我就多安排那個科目的老師在放學後來幫我們加強，然後再月結算出同學要交多少輔導課的費用，我再分送給各科老師們。

那一年，最會拒絕上假日輔導課的是物理老師——鄧老師。剛從師大物理系畢業的他，騎著一部翹臀的機車，是全旭光國中最會用生活事例打比喻的一位老師。我好喜歡上物理課，第一次月考，我考了78分，全年級最高，及格的寥寥無幾。

鄧老師在放學後，找我傾訴他被校長叫去談話的苦悶。他問我，校長說這樣的教學方式，會害我們聯考的時候，沒有競爭力，是真的嗎？我啞口無言。

開始逃學

國中三年級，我的成績下滑了。我還會帶著班上四名「小」男生一起蹺課，任憑化學老師握著鞭子在校園追蹤覓影。當時媽媽為了相繼一個月出世的內、外孫，已經忙到超過身心負荷，班導師還來家裡告狀。媽媽苦口婆心地勸我：讀書是自己的事，有好成績，未來才有好前途。

我不知道我未來的前途是什麼，只覺得「體育」「美術」「音樂」等所謂的副科，都拿來考國英數理化的日子，真是浪費我的青春；寒暑假及所有的假日，都還得起早趕到學校，聽沒有教學技巧的老師上無聊的聯考加強課，好無奈。

但有一個聲音告訴我：不能讓媽媽再為我操心。於是我收斂了一些些，不逃學，只是在我的座位看我的書、寫我的練習。我和各科老師間有一個默契：反正就彼此忍到六月畢業。

有一天，我在我最拿手的數學模擬考卷上，看到一直對我疼愛有加的數學老師，用紅筆在我退步很多的分數旁邊寫了大大的「驕兵必敗」，讓我好不容易提起的向上之心，又掉入深淵。於是，我開始在假日請假，自己躲到台中的圖書館K書。

旭光國中的穿堂遭破壞，訓育組長一口咬定是我下的手，百口莫辯的情況下，剛調走的林老師騎著腳踏車回來旭光國中看我，忍了好久的淚水終於潰堤。「我相信不是妳去破壞的。」林老師說：「自暴自棄，害的是自己。」她長長的道理，這一句真的打醒了我。

清明節連放的春假，我在家看到電視播出「一代偉人蔣公逝世」，我快跑到教室去放送這個讓舉國如喪考妣的大新聞，卻被同學轟出教室：「妳自己不想讀書，就算了，不要來亂我們。」原來我頹廢的形象，已經到同學對我是「零信任」的地步。

要選擇參加聯考的考區了，我決定考彰化考區。日漸滑落的成績，讓我對考上彰化女中比較有把握；老師們認為我一定可以為旭光國中增加一名台中女中的名額，堅持要媽媽勸我考中區考區。我決定奮力一搏。

距離高中聯考不到一個月，我的社會科硬是從最後一次模擬考的九十不到，拚到聯考成績單上的超過一百二，英文還拿了滿分。除了台中女中，我也在台北女師專的獨招中榜上有名。

令人失望的女師專

因為不想再面臨一次大專聯考的煎熬，我選擇上台北讀「女師專」。這是上榜率極低、管教得很機車、全國唯一的一所「女」師專。我入學的時候，三姐已經專五。她的人脈，讓我一進女師專，就有好多學姐說我可愛；加上我能言善道，報到的第一天，就「結交」了許多同屆的新同學，我還能陪想家的南部來的孩子解鄉愁。一副闖蕩江湖多年的老手般。

第一晚新奇的晚點名就寢後，我意識到我離開媽媽好遠好遠，眼淚就不聽使喚的濕了枕頭，再想到將要在「這種」嚴肅的環境待上五年，徹底悲從中來。

三天的新生訓練，聽了一堆鄉音很重的主任，說一些沒啥重點的各處室事務交代。我對這所學校的第一個批判是：這不是要培育老師的地方嗎？怎麼師長講的話，這麼無趣？

新生訓練最後一天有一個迎新晚會，我學會唱〈露莎蘭〉，第二句歌詞「越此城鎮，越彼鄉原」害我又想家想到哭濕手帕。三姐來摟著我，告訴我慢慢就會習慣。她說四年前來讀女師專的時候，條件更差，不論是我們當時的家境，或學校的環境。對三姐所言，我真是無法想像。

正式上課了，上課的老師都讓我失望，感覺比旭光國中的老師還機車。再一次對這樣要培育老師的師資群，大感失望。

我跟三姐訴怨，三姐要我別在老師面前不禮貌，一樣說「慢慢就會習慣了」。但，我沒有想要習慣。

我開始挑戰老師。

當然是柿子挑軟的吃。國文老師的口吃、英文老師的打混、數學老師的高音傳腦、生物老師的「骯」「安」發音混淆、軍訓教官的語無倫次、教育概論老師的死氣沉沉，通通被我歸為無法忍受的機車老師。只要想到要忍受五年，我就後悔沒選擇去讀台中女中。

但好像真如三姐說的，慢慢就習慣老師的教學風格。

開學第一週週末，媽媽從草屯來看我。

星期六吃完午餐，我就眼巴巴的在五樓教室靠愛國西路的走廊等著廣播叫人。沒等多久，一個再熟悉不過的身影出現在校門口，我沒等廣播叫我，就一路聲淚俱下的從五樓飛奔到穿堂。媽媽瞧見我，雖然捨不得，還是直呼「憨女孩」！

我和媽媽住在愛國東路的舅舅家，能挨著媽媽睡，是多麼幸福的一件事！歡樂的時光過得特別快，媽媽因為要趕回草屯，所以星期日的午餐後，就要離開我。送媽媽到公園路的站牌，我又是一場生離死別般的嚎哭。

九月底的中秋節，爸爸親自來學校接我回草屯，坐的是金龍號唷！過完中秋節，我雖然離情依依，沒再哭喪著臉的回女師專，因為我在學校已經交到許多新朋友。

我的反應快，為上課帶來好多笑聲，但給老師添了許多教學的困擾。週一班會，很有氣質的外省籍班導李老師雖苦口婆心、恰似欲言又止的暗示我上課要收斂、要尊重任課老師，我卻劃錯重點的和胡同學一一檢視著「是誰去告的密」？

女師專的校慶就安排在十二月二十五日的行憲紀念日。校慶園遊會上，聽到廣播「一年忠班宋慧慈請到訓導處」，我知道爸爸來了。陪著爸爸逛校園，沿途都有老師和同學問我：「那是妳爸爸喔？」很多老師會補上一句：「您這兩個女兒都很優秀，姐姐穩重，妹妹活潑。」

送爸爸去搭車，臨別，爸爸語重心長的勸我要用功，說老師的話讓他很有感觸：姐姐穩重和妹妹活潑，其實是老師對兩個人的不同見解，要我好好檢點自己。我很後悔讓爸爸來學校看我。

讀師專的第一張成績單，我嚇傻了。總平均七十五分，是我這輩子再低不過的了。學分數最重的國文，我差一點兒被當，口吃的陳老師果真在懲罰我上課的獨創發言；但每週我都很不耐煩地忍到下課的教育概論，劉老師卻給了我好高的分數。

一年級下學期，我們搬到新宿舍。所有通學生通通要住校，好玩極了。最開心的是我和最要好的胡同學幾乎朝夕相處。我們會在老師轉頭寫黑板時，溜出教室到麵食部去吃東西，到校園逛逛。

我在一進女師專，就被教練網羅加入壘球校隊，也因而跟其他十五位學姐成了難得的結拜姊妹。我當然是「么妹」。隔年三月在台南的大專盃女子壘球賽，真是一趟難得的火車之旅。我們姊妹十六人像飛出鳥籠的麻雀，吵到車廂裡的乘客，終於收到乘客遞來的紙條，寫著：「以後要為人師，請自重。」球隊大姐除了要求我們要壓低音量，還喝令我們脫下背面繡有「台北女師專」字樣的外套。

爸爸從中壢南下、二姐從高雄北上，來台南為我們的冠亞軍賽加油。我們沒拿到冠軍，最後輸給中台醫專。姐妹們抱在一起，哭成一團。歷練過大風大浪的爸爸笑我們沒見過世面，後來聽球隊的姐姐說，這場遠征到台南的大專杯，球隊教練王老師背了相當沉重的擔子在肩上，不只經費、也牽涉到王老師的升等。

二年級要上「國語正音」課，我對怪裡怪氣的馮老師，也是捉弄再三。軍訓課換了一位好像是「匪諜」的女教官，我和胡天真的拿錄音機要錄下她上課的內容去檢舉她。錄音機太老舊，按鍵聲響好大，惹得同學們嘻嘻笑，我和胡滿身汗，教官只是一再要求我們「二年忠班」要正經，還說別班上課都很乖，我們幾個自認為有見識的好朋友，反倒認為別班都傻傻被騙了。

雖然壘球隊的團體力量緊緊呵護著我的師專生活。但，我這個老么是候備二壘手，進球隊一年多，不曾等到「排行老大」的一軍二壘手生病或請假，於是，我完全沒有上場比賽的機會。「不甘心當場邊啦啦隊」的強出頭心態，讓我開始不喜歡待在壘球隊。轉而向新成立的話劇社取暖。但因為同時軋了好多社團，滾石不生苔，我終究沒在話劇社搞出什麼名堂。對於最要好的同學「胡」後來當選話劇社社長，我還很吃味兒呢。

我是「嚕啦啦」

三年級，發生了影響我此生最關鍵的一件事：參加救國團中國青年服務社假期活動服務員「嚕啦啦」甄選。

甄選階段嚴謹的紀律要求，讓我對女師專學生宿舍的常規「等級」嗤之以鼻，興起了「改革運動」之念。舍監不但沒有阻攔我，還放任我「名不正言不順」的管起四、五年級的學姐們。

我的傲慢，本就不討喜，再加上越級多管閒事，就更是校園中討人厭的異議分子。於是，我更加看不慣女師專的校風；也更自以為是的大肆批評女師專的一切。

那年寒假，我擔任救國團假期活動服務員的領隊工作，說是實習，根本欺人。沒上過合歡山，第一次上山就當領隊，憑著「不能丟臉」的腎上腺素，勉強完成三天兩夜的行程。對於那三天所見的他校「嚕啦啦」伙伴的素質，真是驚為天人：台風一級棒、團康一級棒、分工一級棒、默契一級棒、合作一級棒。「熱心人，嚕啦啦，熱心人，嚕啦啦，犧牲享受、享受犧牲，嚕啦啦；為國家，嚕啦啦，為人群，嚕啦啦，親愛精誠，丹心照汗青。」的歌詞反覆讓我對照，深深覺得女師專只是會考試而已。對團體的冷漠，真是羞於見人。

說到冷漠，我們六四忠對老師的捉弄，倒是一點兒也不會冷漠。

女師專有一位物理老師，機車等級嚇嚇叫！一年級開始，就經常聽學姐說起這一位「專以當學生為樂趣」的恐怖老師。大家祈禱著：三年級別遇見暴牙的他。

命運就是這麼安排的。我戰戰兢兢的躲過上學期，分數還算漂亮，下學期只要低空飛過，就不需要重修。

三年級下學期，我們得為四年級的分組抉擇。也許我伶俐的反應，還滿得物理老師的喜歡，一次物理課，老師居然公開問我想不想選「數理組」？

其實，我的首選老早就鎖定要追隨三姐的「美勞組」，除了沒有紙筆考試，最主要是想親近三姐開口閉口都會提的女師專第一名良師「何清吟」教授。當時被暴牙老師一問，忽然興起要捉弄他的歹念……

「有考慮過，可是我家裡已經有幾位理工領域的人了！」

「誰？」

「我爸爸是清華的！」

「什麼名字？」

「宋金山。」

物理老師一臉狐疑？班上同學很有默契的問他：「你沒聽過宋教授喔？」

老師紅著臉說，他跟清華不熟。

三升四的那個暑假，我通過嚕啦啦第十期先後共三階段的甄選訓練，正式穿上「嚕十 67047」的服務員橘色制服，並被分派要參與「眉原先鋒營」新營隊的開拓。

帶領開辦這個新營隊的服務社李大哥太大意，錯估北勢溪午後地形雨所帶來的溪水威力，致使我們失去一位同期的好伙伴。

後來聽這位好伙伴的阿嬤說：小時候帶伙伴去算命，就被告知這小孩不要近水，以致伙伴從小沒機會玩水，成年了還不會游泳。開拓眉原先鋒營，過溪闖山訓場後，要再過溪回營地，見到洶洶溪水，心一慌，手鬆開，就被波濤溪水沖走了。

回家跟媽媽講述這件悲傷事，我的重點放在「小時候不要去算命就好。不知道不能近水，也許阿嬤會讓他學游泳，就不會是這種結局。」

媽媽說：「也許算命說得對，否則他可能很小的時候，就回西天了。」

其實媽媽的重點是要我「凡事做好萬全準備，真遇到不幸，也比較不會被人苛責。」事後，嚕家人談到這一件遺憾事，都記取了「上山下海，務必打保險勾環。」

學會傾聽，為育才做準備

這個暑假，我為了要進美勞組，開始認真學西畫。叛逆得厲害的心，師專四年級想方設法取得通學生的資格，本來就怠忽學習的我，又因為學校到桃園八德家的通車，讓我的學業更吃緊。

四下，二姐在松山有了可以允許我容身的租屋，免去每天四小時的交通往返時間，我才勉強混完相當於大學一年級的專四。在四年級美勞組何清吟教授極高雅氣質的潛移默化中，我稍稍收起玩性，開始知道要為畢業展勤奮些，開始對自己要成為怎麼樣的老師有了意識。

何老師是我三姐的媒人，我其實是因為喜歡何老師才選擇美勞組的。已經不太記得我們美勞組上課的時候，做了些什麼。印象比較深刻的是何老師教我們版畫，還有兒童美術教育。因為何老師的因緣，我有機會在兒童美術教育方面，尋找到教育的熱情，也發展出我的專長。

何老師早在七〇年代就教導我們：不是每一個孩子都會成為畫家，但我們要教導孩子懂得欣賞、甚至鑑賞，讓自己的生活過得美美的。

於是，我選擇美勞組的目的，不是為了想要當一位創作者，受到何老師的影響，我以一位「懂得欣賞學生的創意、帶領學生能有美的人生」的美術教育工作者，作為努力的目標。

我最要感謝何老師的，並不是她教給我的技巧，而是何老師「全身都美」的潛移默化。還有一件事情，一直是我經常會對別人提起的。

畢業後，在一次閒聊中，何老師聽我說我的婆婆對媳婦很好，立刻問我：「怎麼個好法？妳的婆婆做了些什麼？我也要來學習當個好婆婆。」從老師的提問，就知道她總是以對方為中心，總是想著自己還可以為別人再做些什麼。這樣處事待人的事例，在她對待我們這些學生當中，不勝枚舉。對待師丈，何老師也是完美的「三從四德」好典範。對二十歲不到的我們，有了極好的啟迪效應。

有一陣子，何老師因為咽喉開刀，醫生囑咐她「千萬」不可以說話。但是老師為了不因個人因素而耽誤學生的學習進程，很用心地在黑板上，把所有的製作細節，鉅細靡遺地板書下來。我們一直很擔心老師的喉嚨，然她仍堅守「作育英才」的崗位。

當時，在台灣的美勞教育界，有一股「黑白」之爭，不過，雙方都以何老師的理念為尊。何老師在那一波潮流裡，扮演著平衡的角色，讓彼此學習了「求同存異」的處事態度。

與其說何老師是我美勞教育的啟蒙者，不如說何老師是我這一生的各種對話關係中，教會我懂得傾聽別人的重要貴人。

專五上學期為期兩週的畢業環島參觀旅行，我擔任總籌劃；下學期四週的集中實習，我擔任實習校長。這兩個重責大任，也是滋長我日後成為機車老師的養分。

畢業成績雖然吊車尾，但五年的師專成長歷程，確實為我日後執教鞭，挹注了極其豐厚的多元能量。

2

逸仙菜鳥不服輸

六年級剛開學不久，一個弱小的女生嘟著嘴頂我：媽媽說暑假本來要把我轉到三班的。這話聽在我耳裡猶如青天霹靂。我「好老師」的形象怎堪遭受如此的汙衊？

度。

「好勝」本是我的生命基調，「學生被調包」更激起我「不能輸」的拚命態度。

因為師專的五年學業成績吊車尾，在六十九年暑假的公開分發作業中，我只能選擇離家近的學校。於是北投區逸仙國小，成了我第一個執教鞭的工作所在。

聽聞這個學校「很鬆」，我並沒有慶幸的念頭。在學期間，被師長耳提面命的「不要隨波逐流」晃入腦海。

於是，「我要做一個不一樣的老師」的自傲念頭，讓我在此生任教的頭兩年，孤獨，且不快樂。

初試啼聲

許多大型老校，高年級級任是大家搶破頭的缺，我竟然在毫無背景關說的情況下，得到五年五班級任老師的職銜。

開學之日，將近五百位四升五的孩子，齊聚逸仙國小一入校門斜坡，等待各班老師來唱名，而後帶回該班教室。在我之前的四個班級老師，無視現場的亂，一個一個叫名字，然後帶開。以我曾受過「嚕啦啦」假期活動服務員的帶隊訓練，又參加過幼童軍木章初階訓練的認知，實在看不慣這四位資深老師帶班的「寬容」。

輪到我唱名了。

「注意聽！」全場鴉雀無聲。「我只叫一次名字，沒聽到的，我不管你囉。」恐嚇有效。

一開始的下馬威，不只對五班的學生，也對五年級的同事起了效果——其實是埋下日後人際關係的不良管線。

進到五班教室，再一次的點名，確定不多不少後，馬上立規矩；環視五十二位鄉下模樣的孩子，感覺怎麼都緊張兮兮的？不過，挺聽話，倒是還不錯。

半天的開學日放學後，我才發現學生名單中，有兩名被用黑色粗筆塗掉，又在男生欄的最下方，以藍色原子筆寫上兩個名字：黃○○和繆○○。

我好奇地請教隔壁班資深老師，得到讓我震驚的不公不義訊息：編班後，學校會做一些調整。妳看，我班也有啊，還比妳多咧！

「為什麼要調整？」我問。

「家長委員、民意代表、教育同仁的子女可以提出申請指定要到哪一位老師的班級。」這是什麼潛規則？「不過放心，」隔壁班老師繼續說明：「通常都是名次一樣的對調。」

開學日，我就很不爽。我很想知道原先在我班的那兩個孩子是誰、是被換到哪一班了？難道這兩個孩子的家長不知道剛出校門的年輕老師最有衝勁嗎？

激起我一股「教給你們看」的好強傲慢。翻閱學生輔導記錄裡的成績項目，這兩位被調換到我班的男生，都是原四年級班級裡的第一名。所以，原來在我五班名單上的那兩位也是第一名嗎？

開學第二天，正爬坡爬得氣喘噓噓的我，在校門口巧遇一輛高級進口車，校門外站立兩名學生，等車門一開，兩名學生立刻趨前去牽從車上跳下來的兩條狗，下車的是三班的級任老師，手上還抱了一條小小狗，是個貴氣的中年老師。

我上前打招呼：「H老師早。」她也回應我，隨即望向駕駛座位，對駕駛人指著我說：「我們新來的宋老師，很有活力。」司機是她的先生。

我心裡一堆疑惑：怎麼有這麼高貴的人來當老師？應該不缺錢吧？還帶著三隻狗來學校，幫忙牽狗的學生怎麼動作這麼熟稔？

開完朝會，我又去問隔壁班老師。他回我：H老師管理學生很有一套。不必打，也很少聽她罵學生，她的班級就會得三項冠軍，而且考試成績都在全學年的前一二名，很多家長都希望孩子可以被她教到。她先生是高職的校長，是北投的大地主，H老師根本不需要這份薪水。

這番話，聽在剛踏出師專校門的我耳裡，酸味直冒。我打算找時間去三班教室看H老師的神通。

沒想到我第一次踏進H老師的教室，迎接我的是三隻狗狗的吠聲，害我杵在門口不敢動。H老師很和氣地勸告三隻狗：「不可以這樣沒禮貌。那是姐姐。」

我心想：我是人。怎麼會是狗的姐姐？

H老師問我有什麼事，我被剛剛的內心戲干擾，一時答不出話來，只回「下班再來請教您。」退出三班教室，我的價值觀瞬間有很大的衝擊。

假公平

五班的孩子笨笨的。跟我自己小學時的機靈相較，真是天差地別。尤其是班長的領導力，那更是比我遜太多了。

我在這個班上，犯了最大的錯誤：沒有尊重多元的能力。

一個愛打排球的女生，因為沒背好書，就不許她去球隊，還怪她留在教室擺臭臉；一個運動神經超靈活的男孩，因為數學功課做不來，就不許他上體育課，還怪他在球場邊不乖乖站好；幾個繪畫能力很強的孩子，因為國字聽寫成績不佳，美勞課得反覆抄寫，還怪他們偷瞄我上美勞課。

因為一直想拚過五年三班的成績，我無所不用其極地為孩子加強課後練習，機械式的反覆練習。第一次月考，我班的國語和數學都在年級的前三名。我很大膽地獎賞全班「一次假日的登大屯山健行活動」，還請出孩子叫一聲「宋爺爺」的我爸爸親自督軍領隊。但這件事引來學年主任的關心：我們以前都沒有這樣做。

我在心裡嘀咕：以前沒這樣做，不代表「永遠」不能這樣做呀！

從孩子健行後的家長回饋，我食髓知味地繼續辦了下一個校外活動：利用週三下午，帶孩子去紅樹林抓招潮蟹。沒有收費，還幫孩子準備簡單的點心。

除了初為人師，班級經營技巧缺乏經驗，又好勝心加上急性子，我體罰學生是學年裡出了名的，特別是在三項競賽都沒得到優秀成績時，還使出要命的連坐法。罰半蹲、拿報夾打小腿、甚至逼亂畫黑板的孩子口含粉筆。甯校長疼我如父親，有次透露有家長打電話給他，說老師不應該叫學生吞粉筆。

我當場氣得辯駁：哪有吞？只是叫他含著而已！我扭頭回教室去質問那個學生為什麼跟家長亂說話，學生死命否認。

放學後，我氣沖沖地對教師桌球隊的一位同事大姊抱怨。

「我們沒有當過媽媽，不了解家長的捨不得。住在KK新邨的家長，都會互相打聽各班老師的教學。可能真的不是那個被你罰的孩子回去說的。」同事大姊勸我。但我只聽得一個重點：從此，我對家住這個新邨的孩子多了一份小心。

「站導護」是很累人的一件事。我在第一次站導護時，就讓過馬路的學生被摩托車撞了。在我還沒意會是怎麼一回事時，學生已經被肇事者載走了。正要上班的同事問我有沒有記下車牌號碼？我只是搖頭，嚇得完全說不出話。

沒多久接到電話通知，肇事者當機立斷將被撞的孩子送醫，幸好只是皮肉傷，被撞學生的家長也沒追究肇事者和導護老師的責任。但我一直忐忑不安，滿腦想的都是：不知道在我的年度考績上會被記什麼汙點？

隔天教師朝會，訓導主任意有所指的提醒站導護的老師要專心指揮交通，不要跟人聊天。我根本沒有反省當時我是真的正分心跟同事聊天，朝會結束，我理不直、氣還很壯地前去找主任「澄清」。

主任見我哭了，忙安慰我：「我只是提醒大家站導護要特別留意學生過馬路時，有沒有車子硬搶著衝過交通旗桿，我沒有責怪妳的意思。」

「本來就不應該怪我！」是我回家跟爸爸述說這件事的態度。爸爸勸我要懂得反省：還好只是皮肉傷、還好肇事者是把學生送去診所，還好診所醫生正好是逸仙國小的家長，不然……

這件事後來有幾位同事陸續對我豎起大拇指，小聲說我很勇敢，敢對主任質詢。但沒多久，我就明白那些稱許我勇敢的老師，幾乎全是逸仙國小待退休、常被教務和訓導兩處室提醒「要準時進教室」的一群非主科的資深老師。

學校要辦校外教學，要跟學生收費，我又起了很大的反感。五年五班有幾位家境清苦的孩子，單親或隔代教養，我去家庭訪問時，都好心疼。學年老師在討論收費時，提到會退給老師部分佣金，我當場問：怎麼不直接就少收一些，讓家境寒苦的學生也能參加？

沒人搭理我。會後，很忠厚的學年主任告訴我：這是慣例。要我跟著收下就好。

回家跟媽媽說這件事，媽媽教我不能擋人財路。「知道哪些孩子繳不起這筆費用，妳幫他墊就好了，不要聲張。」

我想起我的一個國中同學，因家裡負擔不起畢業旅行的費用，致使他以「會暈車」而沒能參加；也想起姐姐曾說她們小時候為了註冊費，讓媽媽老是頭痛的許多故事。我好像知道可以怎麼處理了。

不服輸

逸仙國小雖在新北投區，卻不如北投國小的明星信譽，但，我們被家長尊重的程度，也相對幸運。特別是我師專五年級的集中實習，所聽聞西門國小家長常直接電話告到校長室有關老師教學的情事，逸仙的家長算溫和的。

記得實習期間，我們每天都得跟著實習的班級老師參加學生放學後的夕會，了解當天的學校大事，並準備明天的學校活動。

有一天，鄭校長要我這個實習校長轉告所有實習老師「今天夕會不必出席。」我實習班級的級任老師臉色一沉：「又有人去告了。」

當天要離開西門國小，感受到走出辦公室的老師，顏面神經都是緊繃的。我後來在跟隨鄭校長的上學前巡視各導護崗位時，大膽問了事由。

鄭校長慈悲地教我：「君子愛財，取之有道」。這句話，成為我有機會經手錢款時，重要的提醒。

升上六年五班後，我應幾位家長要求：與其經常留學生放學後個別指導，乾脆開辦課後補習。我想想也對。有好幾位家長工作忙，無暇教導孩子作業，我就真的幫這些孩子開了一班要收費的補習班。先篩選有需要的孩子，再言明家境清苦者免補習費；每天再交代一位能幹的女同學去買麵包，填飽肚子的孩子，學習力更強。

這事很快就被學年主任知道，他只是提醒我低調。我心想：我又沒拿多少錢進我的口袋。何況，我真的是在補救孩子的學習，也沒因為有這個課後補習班，而偏頗了對孩子的公允對待；並且還仗勢著五班家長對我的愛戴，完全沒顧及教育局規定的法令。

六年級剛開學不久，一個弱小的女生嘟著嘴頂我：媽媽說暑假本來要把我轉到三班的。這話聽在我耳裡猶如青天霹靂。我「好老師」的形象怎堪遭受如此的汙衊？

我留下一堆抄寫的作業，交代班長管好秩序，逕自騎上摩托車直驅這小女生的家，「拜訪」家長。學生媽媽對我連聲抱歉，說是女兒的好朋友在三班，她想跟好朋友讀同一班，常常說要轉班，還說她一直勸女兒「宋老師教得很好啊」。

我換上笑臉，請學生媽媽不要客氣，如果我有什麼要改進的缺點，一定要告訴我。

「不服輸」的心態，讓我對孩子的體罰下手過重，自己看了都覺得不該。等孩子回家後，好似「惡人先告狀」的劇本，我打了電話向孩子的媽媽控訴今天孩子多麼不應該，我不得不好好教訓他一番。學生媽媽也很感謝我對孩子的用心教導。沒想到孩子的阿嬤在分機聽到後，雷霆大怒，隔天一狀告到校長那兒。

原來我的失手，恰好成了婆媳紛爭的導火線。

校長在放學後，把我找進校長室勸說，我還得理不饒人的回校長：每天都有打學生的老師，我比較倒楣，扯進婆媳問題。回家跟爸爸講起這件事，爸爸用閩南語勸我：「自己的孩子打到死，也不願意讓別人指。」

爸爸因為酗酒，酒精中毒往生。喪假期間，耳聞六年五班的孩子很難約束，讓我的「好勝心」又面臨很大的受傷。我唯一能自我消解的法子是：歸罪代課老師的條件不好。

這段時間，給我最多溫暖的是嚕啦啦的學長王華沛，也就是外子。過去遇到教學上的懊惱事，總有爸爸可以傾訴，爸爸不在後，我常向學長請益，學長給我的許多指引，開拓了我善待孩子學習不力的胸懷。我開始對六年五班的孩子有「生而知之、學而知之、困而知之」的級別認知，也開始接受「沒有不想考好的孩子」，更懂得「在學年合群的重要」。

最後一學期的轉念，不再嚴苛要求孩子的學業成就，是我留給逸仙國小這一屆畢業班孩子還來得及彌補的禮物。

3．

雙溪的二等老師

我一直覺得和這一班的家長很有默契，親師的互動真是和諧極了。直到有一天，外子轉告校長的話：對學生的關心要適可而止。我整個傻了……

「我是二等老師」的羞愧陰影，曾伴我好長一段時日。

直到我寫信去問教務主任「我究竟犯了什麼條規？」得到W主任「狡兔死、走狗烹，同是雙溪淪落人，相煎何太急」的簡短回信，終於和外子欣喜於離開雙溪國小這個是非不明之地，是對的決定。也終於放下那羞愧感。

第一次調校

會從五十多班的大型學校，請調到只有十二班的偏遠小校，在八〇年代的教育界，是會被笑傻瓜的。除非是接任主管職。

民國七十一年，因為嚮往外子任教的士林雙溪國小優質的工作氣氛，而以夫妻同校為由，離開生活機能方便許多的北投逸仙國小，重新適應外雙溪的教學新環境。

轉任新校前，跟那兒的校長、主任及同事已有幾次的聚會，也參加了小型學校的幾個活動，如學生音樂會、多元的社團、溫馨畢業典禮等。在原任教的大型學校完全感受不到的「既分工又合作」團隊氛圍，迷你的雙溪國小深深吸引著我。

決定嫁給外子的那一刻，我也決定選擇這個迷你小校當作自己踐行教育理念的舞台。

要同時適應新婚和新校，帶給我好大的挑戰！後來，我都勸朋友，千萬別在剛結婚時換工作。

台北市雙溪國小位處故宮博物院再往山裡去的外雙溪「中央社區」內。學生幾乎都是公務員的子女。氣質、才華，跟逸仙的鄉下孩子比，完全凌駕其上。還沒到任，就聽說這兒的孩子「碰不得」，家長的公務員背景，連語言用詞、文案遣字都必須斟酌再三。

有個笑話是在我到任前、發生在外子身上而流傳好久的真實故事：

外子初任雙溪國小，年輕氣盛，給一個男孩的成績單評語是「好表現」；當晚校長接到這位學生家長的電話，質問校長：「王老師的意思，是我兒子怎麼啦？是要我乾脆就槍斃他嗎？」還好校長腦筋轉得快：「王老師的評語寫的是你家公子『有很好的表現』的意思。」

這件事，成了所有雙溪新到任老師必被提醒的重要認知。

我到雙溪國小報到，校長給了我一年甲班。年輕、沒有當媽媽的經驗，讓我對六、七歲孩子的學習發展看不清眉角，開學兩週了，都還調不準節奏；又因為才剛帶完逸仙國小的畢業班，馬上換到一年級的跑道，瞬間轉換要求標準有困難；偏偏雙溪國小走的是「專長排課」，我不只教我自己級任的一年甲班主科，也要教一乙、一丙的美勞課，還要兼六年級兩班的說話課；一年級孩子放學了，又要分攤低年級的課後輔導課。跟在逸仙的優遊自在相比，有一種從天堂掉到地獄的「心」苦。

那份苦，很難言喻。自己又是新加入團隊的成員，聽著外子和原同事哈啦的笑聲，我就像個陌生人一樣，常常是一種在狀況外的吃味兒。

宋老師不會教一年級？

學校為了可以從十二班增到十三班，收了幾位未足齡的寄讀生。不足齡的成熟度，已經造成班級常規執行上的困難度，偏偏校長的二女兒也在我的班，壓力更大。這小女孩機靈得不得了，但握筆的力道和聽課的專注，實在讓我很頭疼。親師的互動，是我很大的學習。

有一回，我幫這小女孩剪短指甲，隔天，她進到教室馬上跟我說：「我馬麻說以後不要讓老師剪指甲，因為我要彈琴，剪這麼短，不好。」直覺吃力不討好。

班上有兩個男生，特別不能遵守團體紀律，一位原住民、一位家庭弱勢，我幾乎天天打他們兩個。校長透過外子來勸我：要想策略，不要只有打。我像被貼了不適任教師的標籤。

一年級共有三班：乙班的資深楊老師，每天都看她輕鬆愉快；丙班林老師是剛離開師專大門的學妹，我不能在她面前漏氣。於是，我給了自己很大的工作壓力。

第二個月，我隱約抓到師生對話的關鍵，開始欣喜這群小猴子聽得懂人話。我會在兒童朝會後，讓原住民男孩摸一摸、敲一敲樂隊的鼓，經常用「帶你去打鼓」，當成對他「行為改變技術」的策略之一；也會在每節教學後，讓家庭弱勢那男孩幫忙收拾教具或擦黑板，才勉強有機會鼓勵他。我更大膽地利用每天朝會後，在教材園、風雨走廊的散步，建立起「什麼可以做、什麼不可以做」的基本常規。

很快過完兩學期的一年甲班教學活動，我已能駕輕就熟的和這群可愛猴子玩學習的遊戲，真心覺得是跟越來越多的天使在一起享受歡樂的外雙溪教學生活。

暑假中，還需要上班的外子帶回來一個讓我很錯愕的消息：下學期，我不是續帶升上二年甲班的天使們，要接因職務調整而換級任老師的六年甲班。

轉換跑道，我並不在意，令我難堪的是校長的說詞：「宋老師不會教一年級。」我好生氣校長為什麼不說「宋老師更適合帶高年級的學生」，更生氣外子為什麼要把校長在會議上的佈達「實話實說」給我聽。

接六年甲班的後母心情，讓我如臨深淵、如履薄冰。雖然原級任老師一再寬慰我這個班的家長多麼支持老師的學習活動、多麼配合老師的教學要求，但，就是有一種「我是教不好原一年級的孩子，才被調來教六年級」的鬱悶。又聽說這個班的某幾位家長特別「注重」孩子的名次，害我更是誠惶誠恐。

在外子的授意下，開學後，我展開全班三十一個家庭的課後家庭訪問，自我感覺良好地認為「所有」的家長都是好人。「每日一字」的批改，雖然增加教學的工作量，但家長都認為對孩子的語文能力有很大的提升；如果家庭有活動，孩子來不及觀看電視上的節目，家長會設法讓孩子完成這項作業，不然，就會在聯絡簿上註明無法完成的難處。

比「當後母」更揪心的考核

我一直覺得和這一班的家長很有默契，親師的互動真是和諧極了。直到有一天，外子轉告校長的話：對學生的關心要適可而止。我整個傻了。

有說，學生會用「我們老師說……」來跟爸媽頂嘴；有說，我對學生的關懷帶給孩子極大的壓力。外子要我體諒一校之長要面對的各方訊息，而勸我「有則改之，無則勉之」，但我完全不能理解要改什麼？

我猜可能是這件事吧？

班上一名口才極好的女生，要代表學校參加士林區的演講比賽，我在當天一早去電鼓勵她，竟莫名其妙的被女孩兒的爸媽說了一頓：我女兒已經夠緊張了，你這個當老師的，幹嘛還要增加孩子的壓力？我顫抖的賠不是，卻又覺得委屈極了！

外子也認為校長指的應該就是這樣的家長，還要我體諒校長的難為。不過，我開始對雙溪國小家長的難搞，多一份謹慎；也開始對這位校長的擔當，有一番另解。

外子對校長「說一套、做一套」的辦學理念有了新註解，是因為我配合課程內容而計畫利用週三下午的課餘時間，帶六年甲班的孩子到中華路參觀藝術展，得不到校長的批准。外子難得的強烈態度希望校長給一個「不准」的理由。

校長說：「不必什麼理由，我就是不想再到學生家裡去鞠躬道歉。」

我從來沒見過外子那麼的不能接受一個人，他不但為校長走不出「雙溪水難」的歷史包袱感到惋惜，更擔心揮不去過往陰影的校長，將犧牲掉孩子許多校外學習的機會。

畢業班要做畢業紀念冊，我很費勁地帶領孩子以絹印版畫方式製作屬於他們的手工畢業紀念冊。孩子做得很起勁，外子掏腰包贊助材料費更是歡喜以對。校長只冷冷地看著我能搞出什麼名堂。

我跟外子在當時已經決定那學期結束，就一同離開雙溪國小，所以，對校長的冷言冷語便不去理會，聽到同事的不實傳言，也不去解釋。

畢業典禮上，我收到六年甲班學生家長的許多感謝，我哭了。為一股形容不出的失落而哭。

典禮一結束，校長請教務主任通知我要交出所有成績結算的依據簿冊，因為第二名的女生家長，告我核算學生成績不公平。後來聽說，六甲的畢業成績總表被校長用透明膠帶整張黏貼，以免我有任何的塗改。

我和外子把這件事當笑話看，並沒有絲毫的「被羞辱」感。但，外子在七月中考核會議上的缺席，就真的把玩笑開大了，因為沒有外子和好朋友在場的考核會議，委員們都以校長的意見為意見，最終，我被考核為四條二款。

離開雙溪國小兩個月後，收到考核通知。看到是「四條二款」的那一剎那，我感覺天旋地轉。外子在一旁沉思，除了認為是校長因為我對他的態度而「公報私仇」，實在推敲不出我究竟犯了哪一條校規？

最終，我們沒有選擇大張旗鼓的上訴，而決定寫信問問教務主任W「事出何因」？等了兩週後，接到W主任簡短而哀怨的回答：「狡兔死、走狗烹，同是雙溪淪落人，相煎何太急！」

外子說：「我老婆在我心中，是一等的老師。」至於拿不到一個月薪津的「考績獎金」，外子安慰著說：「該我們的，有朝一日會回到我們手上。」

多年後，只要提到「雙溪的二等老師」，外子總會慈悲的說：還好那年的考核會議他沒參加，不然一定讓校長更加棘手。

而這個「二等老師」的頭銜，經常成為往後外子想要賴家事分工的口頭禪：妳是二等老師，妳去做！

4

龍安的賠錢經理

七月底談好合作計畫，我八月初陪到美東攻讀博士學位的外子飛美熟悉環境。等我八月底回台，被告知：體育服裝品項不合採購程序。我才驚覺我天真以為的經理工作，有著許多的「眉角」。

我大概是台灣學校教育史上，第一個、也是唯一一個當「員生消費合作社」經理，當到賠錢的衰人吧！

新校長

剛結束產假回學校復職，聽說要換校長，還滿期待的。寒假新到任的女校長，雖然很強勢，但我欣賞她的改革魄力。儘管外頭人言可怖地說這女校長作風如何不尊重老師，我卻勇於支持她，勸請同事們「先給新校長一個機會吧」。

時任六年級美勞專任的我，對新校長所帶給老師們的班級經營壓力，感受不深，反而認為龍安確實需要一位有理想、有抱負的校長來「整頓」。於是，我成了新校長的人馬。她也經常找我聊她的構想，還會跟我提及龍安的老師們跟不上教改時代的教學方式。

外子提醒我：只要鼓勵校長對老師能多一份關懷，千萬別成了說是非的閒雜人。

新校長來自一所老師都比較悠閒的學校，她聯合家長會一起調整了老師的上班心態，很得教育局長官的稱許。當時的龍安國小雖然也有不適任教師，但整體而言，還算稱職。因此，新校長經常把「要努力跟上教改腳步」，當成訓勉龍安老師的話題，實在不討好。所以，她到任的第一學期，就處處碰壁。我也只能安慰她事緩則圓。

六月底的校務會議，員生消費合作社改選理監事，我高票當選。我還在猜疑著是哪些人陷害我，就被請進校長室約談。校長遊說我當經理，「我們要回到合作社的精神來辦理。」對這個說法，我一知半解。

外子鼓勵我：「經理這工作，相較其他的職務，還更適合妳，主要就是動動嘴巴，跟廠商接洽，何況妳不是說校長要簡化消費項目，回歸合作社的立法精神嗎？」

隔天，我就理監事當選名單，跟校長琢磨一個能落實合作社立法精神的團隊；並且跟校長再一次確認：不以發「慰問金（消費盈餘）」為經營目標。

沒經驗的合作社經理

我第一個想改換的是被家長和老師詬病多年的「非棉質」體育服裝。我找到新生南路上、台大對面的「學流風」運動服專賣店洽談，我們一拍即合。學流風要的是產品質感被看見，我要的是孩子健康被保證，我們完全沒有考量到合作社的利潤。

七月底談好合作計畫，我八月初陪到美東攻讀博士學位的外子飛美熟悉環境。等我八月底回台，被告知：體育服裝品項不合採購程序。我才驚覺我天真以為的經理工作，有著許多的「眉角」。

緊接著，又有許多廠商來找「宋經理」：便當、早餐麵包、飲料販賣機、文具、制服……每個都會提到「幾趴」的話題。我感到嫌惡極了。

外子教我：為孩子的「食安」把好關，佣金就退還給廠商。一位資深的卸任主任，以好朋友的立場勸告我：不要太理想化。哪一位想當合作社理監事的人，不是為了能分到那些佣金？

外子說：「那就打開天窗說亮話。直接表明這一屆理監事不以『賺學生的錢』為目的。」於是，那一年是龍安國小有史以來，第一次沒發合作社過節金的中秋節。

我不知道家長感不感謝我把所有利潤壓低，但清楚感受到老師們對我的側目。外子激勵我：做對的事。

校長強調要落實合作社的誠實教育精神，龍安想試辦「無店員的誠實交易」，花了幾萬元設置不銹鋼鐵欄和旋轉門，終究因孩子太小、排隊花時間、收支落差大，而回到現金交易的習慣。外子安慰我：沒試，怎麼知道不適合。

雖然經營項目簡化，但在暑假被校長勸說成功：為了省開支，不需要多一位合作社管理員，我因而辭退了前任經理的好助手，而把自己搞得沒法安心上課。外子驚覺到我的難處，要我還是應該聘請一位「店員」。新的經理配新的店員，亂象可想而知。

最亂的是「學流風」的第一批體育服裝。

我剛剛當上新手媽媽，對小孩的服裝尺寸沒有概念；學流風第一次承接「小」學生的團體服，對六到十二歲孩子的身高分布完全沒有經驗。為了美觀，設計的體育褲褲管是收腳的，就更造成褲長不足的亂象。

我被校長關心：怎麼一口氣訂那麼多套？保守估計：已到貨的那一批小小尺寸，最快要三年的幼稚園加一年級新生入學，才消化得了。我也被家長嗆聲：錯誤的決策比貪汀更嚴重。還好學流風的設計師腦筋轉得快，利用配色衣料加長了袖子和褲管，總算解決了冬季服；不過積壓在學流風倉庫的夏季短袖短褲，就得等隔年的新生報到才能銷售出去。

校長要我把責任全歸咎到廠商的沒經驗，我卻怎麼也說不出口。外子也支持我：寧願人負我。

更可怕的是：全新設計的、讓龍安同事誇讚不已的冬季體育外套，再度出現太多小小尺寸的貨品。我感覺無能為力。申請育嬰假的公文已下達，我還在煩惱自己到了美東，會留下許多庫存給下一屆經理。

外子要我把所有學流風的庫存全買下來。「如果留下庫存給下一屆，會讓妳在美東的育嬰假苦不堪言，最簡單的作法就是我們出錢買下全部庫存體育服，捐給慈濟或社福團體和育幼院。不過，妳必須在校務會議交代清楚這些學流風的庫存都捐到哪裡，請同事在電視上看到偏鄉或海外，有龍安國小這套質料好、又設計精美的體育服裝時，不要誤認為龍安的校外教學拉到海外。」最後，我拿房子去銀行貸款，買下龍安國小合作社的全部庫存體育服。

至於各廠商給我的那些佣金，我一開始就請學校出納組開一個專戶，將每一筆佣金都存入專戶，在卸任經理前，請理監事諒解我的潔癖，全數捐給自閉症基金會。

我應該是台灣教育史上，最奇葩的合作社賠錢經理吧！

5

與恐龍家長過招

孩子是家長的一面鏡子。

「不夠機車，鐵定接不起這個燙手山芋。」與其說初生之犢不畏虎，不如說是誤入叢林的「老」白兔。

教學活潑化、評量多元化，本就是我秉持的教學理念。「四一〇」教改後，應運而生的「教學評量改進班」成班時所標榜的精神，也是這兩大項。無奈於先天不足、後天又失調，導致我六年級才接手的這個實驗班，面臨了許多前所未有的挑戰。

醞釀要在這屆學生四升五年級增加一個班時[1]，我正以育嬰假帶著一歲十個月的女兒，遠赴美東陪外子攻讀博士學位。我是在結束一年的育嬰假，再續半年的侍親假返台後，才聽聞這個班生成的前因。

教改評量改進班

一般學校面臨要增班，會採取「抽籤」這個看似公平、也比較不容易有爭議的方式。聽說當時四年級有許多家長與孩子，對級任老師班級經營的理念有很大的落差，又適逢「建構式數學」被一群自認有教育前瞻的專家學者所青睞，再加上該年級學生中，有一位很熱心參與學校行政改革的家長，是大學數學系的教授，在他和幾位想要孩子能夠接受「另類教學法」的家長積極策劃下，「自願轉班到九班」的增班方式於焉產出。

為了能順利招到男女生各二十名的足額，學校行政人員開出非常吸引家長的遊說配套策略：一、這個班級的各科任課教師都是全校最優秀的；二、會有大學教授親自來上「建構式數學」；三、這個班級的老師擁有最高的專業自主權，可以帶孩子出校門學習，讓學習方式不受限在傳統教室裡。此招生宣傳一出，引發一波比「明星班」更明星的跳槽潮流。

校方決定要以這個方式成立「教學評量改進班」後，就在四年級下學期時，請四年級八個班級的級任老師於班上宣傳這個增班方案；也在平日晚上辦了幾場說明會，吸引很多關心子女教育的家長出席旁聽。一連幾場的家長說明會辦完後，深受這個實驗班噱頭吸引的人超級多，繳交問卷報名轉班的人數遠遠超過預期，最後只好選用抽籤，抽出男女各二十人。但因為抽籤當天突然要求中籤的家長們必須寫切結書，切結未來兩年（亦即到畢業）均不得轉學或轉班；學校也承諾這個班級不會有任何轉學生進來，主要是為了維持班級教學的品質。

1 當時所任教的龍安國小，是每三年分一次班，跟一般國小兩年分一次班不一樣。原本的四年級有八個班，又因升五年級時不會重新分班，故無法用重新分班的方式來增加一個新班級。

結果，一聽到要簽切結書，很多家長就打退堂鼓，怕自己孩子適應不來又沒有退路。特別是女同學們的家長更恐慌，當場就退掉一半以上，其實男生也招不滿二十人，學期卻已接近尾聲了。後來，因為人數太少不足以成班，教務處行政人員就利用暑假打電話給當初回條寫「沒有意願參加」的學生，問這些學生或他們的家長還想不想轉來這個「劃時代」的教改實驗班。

當時的四年級級任跟科任老師對這個實驗班學生們的態度讓我很是訝異。許多老師對增加這個班的心情是：感謝終於可以不用再為這一群桀驁不馴的孩子傷腦筋；感謝終於可以不必再接到關心老師教學方法的家長投訴；更感謝再也不必過著天天提心吊膽又要到校長室去說明自己「罪狀」的生活了。

我復職的任教科目是老本行：五年級全學年的美勞課。這讓我有機會跟這個被各種可怕謠言傳得沸沸揚揚的實驗班孩子締結師生緣。科任老師的壓力絕對比不上級任老師，美勞課又比其他科目更有時間和空間營造師生的對話關係。才上第一個單元，我就回報還留在美東為博士論文繼續奮戰的外子：「還好嘛！九班的孩子並沒有我聽聞中的狗屁倒灶。」外子也為我鬆了一口氣。然而，當我在校園跟其它同事公開稱讚這個班級孩子的言行和創意時，我總接受到「妳等著瞧吧！」的眼神回應。

自己挖的坑

或許是好勝心引發的偏心吧！同樣是「天馬行空」，出自九班的孩子之口，我總歡喜以對地賞識為「一鳴驚人」；若在其他八個班級，我往往認定那些根本是胡言亂語。

聽到越多對這班孩子學習態度的不能接受，我越覺得自己實在是伯樂；聽到越多對這個班級家長參與教學的不以為然，我越自以為是親師溝通專家。當傳出五年九班原本的級任邱老師因為個人生涯規劃驟變，而選擇提前退休的那段日子，整個龍安校園瀰漫著「誰是下一個苦主？」的臆測。校長亂了方寸，家長不知所措，孩子們更是慌張不已。我跟邱老師只是點頭之交，沒有動力去跟她聊聊為何不能堅持把眾目睽睽的教改實驗班帶畢業？更何況當時增班，邱老師還是主導家長群「萬中選一、寄予眾望」的名師呢！只有側面聽說她累了。累在孩子的太有想法，也累在家長的太有意見。

接近五年級下學期末的一次美勞課，九班的孩子們在上課中主動提起他們下學期沒有級任老師的話題。我感受到孩子有一股即將被遺棄的落寞酸楚，決定放下課程進度，聽他們暢談。

有孩子說：我爸媽認為這一班的學生規矩不好；有孩子說：我爸媽認為這一

班的家長意見太多；有孩子說：從我轉到這一個實驗班，就一直覺得我們班很特別。

我真是訝異十一歲的孩子能說得如此頭頭是道。「不然再打散，回到四年級的班級啊！」面對我的提議，有人歡呼，有人哀嚎，關鍵就在原本四年級的級任老師帶班風格。

以我對龍安生態的了解，不難察覺：不願意再回到原班級的孩子，他們的家長「好像」也是我聽聞中比較有「自己一套」教育理念的一群，而在當時跟他們孩子四年級的級任老師互動上常有親師隔閡；這群拒絕回原班的孩子，就我的觀察，他們在我美勞課上的外顯行為是話很多，態度更是偏吊兒啷噹；創作則是眼高手低地很會說、但執行力偏低。我當時心中暗笑：「如果我是四年級的老師，也絕對不想『回收』你們這群孩子。」

「不然，你們心中有沒有喜歡的老師？你們自己可以跟校長說呀！」沒想到，我就這樣給自己挖了一個坑。

「老師，就是妳啦！」孩子們竟然這樣說。我直覺說不。「我是科任的美勞老師，不能當級任老師。」面對孩子們露出疑惑不解的表情，我用「這是規定」搪塞過去，停止了這個脫稿演出的話題。

當我在越洋電話中跟外子說起這件事，外子的第一句回應是：「聽得出來妳話中帶有一份驕傲唷！」我細細想，真的是有。外子要我慎重考慮，但我當時心想，校長和那群積極參與校務的家長們，必定早已有他們的口袋名單，何況我只是科任老師，怎麼會傻到去跳這個火坑？也從來沒有美勞老師接任級任老師的先例啊！

過動孩子的另一項特質是「行動力」。這群提議要我接他們六年級級任老師的孩子，竟然當天就去跟校長推薦要找「宋老師」。當校長來找我，並轉達了孩子的想法時，我壓下心裡的驕傲，半推半就地請校長讓我先跟外子商量。

外子說：「好像沒什麼好商量的。妳說這個班的孩子有創意，很能跟妳對話；又說這個實驗班的級任老師擁有最高的教學專業自主權；而且一整年的數學課都由大學教授來上，不是太便宜找老婆了嗎？」

「宋老師要接八十四學年度的六年九班級任老師」的消息很快就傳遍校園。可以感受到許多人欲言又止，幾位好朋友更直接勸我千萬不要。對於朋友的規勸，我都當是他們在反對校長的改革。最終，我會有一種「雖千萬人，吾往矣」的決心，是來自好友的一句話：

「慧慈，妳的個性一定會跟那幾個強勢的家長處不來的。」

我的個性怎麼啦？我思忖：我休假到美國的這一年半，視野寬闊很多呀。但另一位閨密提醒我：「難道妳完全忘了，妳曾跟這位掌控性很強的女校長有過的齟齬？忘了兩年前，妳是怎麼自掏腰包買下合作社庫存運動服，以『賠錢經理』之稱黯然離開龍安，到美東展開育嬰假？」

我沒忘，只是認為時空不一樣了。不過，我開始意識到我的身上多了一道「保皇派」的標籤。

◆

給家長的一封信

學期結束前，我寫了一封信，請五九的孩子帶回家：

給五九的家長們：

知道嗎？我又睡不著覺了！

自從與外子長談一個小時的越洋電話，因著他的支持與鼓勵，而下定決心要和五九的孩子結更深一層的師生緣的那一刻起，心中常惦記的是：這批優秀的野馬，該用啥教學策略，才能適得其所地激發出每個人都不一樣的潛能及才華？

越想，精神就越亢奮，所以……

昨日餐會上得到五九家長支持的掌聲、信任的眼神，使得趕往北投的途中，更覺「行義路」的美異於往昔。在「禪園」茶藝館和學生兩個鐘頭的閒談中，更是享盡了為人師的成就感。他們是我師專剛畢業就帶的高年級孩子，而今都二十七、八歲了。其中一位男生還當了爸爸了呢！他是當年挺讓我頭痛的一號人物，由於十五年前，對「學習障礙」的概念不清，因而錯怪他，為什麼好好的腦筋，外表也看不出那裏有障礙，卻總是跟不上進度？「一定是懶」這是我為他貼的標籤。

可是呢？昨天他一見到我的計程車，立即趨前為我開門、提背包，甚至還搶著付車資。雖然仍是一臉憨厚的笑容，比起當年被責罵得極委屈的他相較，增添了一份難以形容的自信與責任。笑談間，得知目前他服務於台灣銀行總務部門，日子平安而喜悅。當年數學糟透的他，說起銀行照顧員工所提供的優惠利率，可真頭頭是道。同學會還沒結束，他為了五點鐘輪值，非提前下山不可。臨走，還客氣的請求我的諒解，因為他不想失職。

實在以他為榮！

我在心裏說著：光耀，您實實在在活出您生命的價值，也教為師者，再次肯定「天生我才必有用」。

閒聊中，學生們知道我將再度接班級，那興奮樣兒，就好像家裡的長子都十來歲了，得知母親又懷孕，將添個弟妹般。他們主動稱五九為師弟、師妹，並且熱情的要我籌辦一次師兄弟、師姊妹可以相見的聚會，甚且有人提議：「乾脆來三天兩夜，讓我們把當年宋老師帶我們的那一套通通搬出來。」於是我的思緒，飛到十五年前，懷著一股「初生之犢不畏虎」的心情，領著五十一個小蘿蔔頭上山下海的畫面。回憶是無可比擬的豐碩。

然而，仔細回想那兩年，其實酸甜苦澀都有，也曾淚灑教室，也曾憤而離開，還三度昏倒講台呢！但每次同學會的歡笑，都一次強過一次的告訴著自己：汗沒有白流，淚沒有白掉。特別是出國兩年後，再見到他們的談吐，及聽到他們對生活的責任，感到滿心的歡喜。

我當然知道，五九遠比他們來得更有挑戰性。但我告訴自己，做這樣的決定，就好像整裝待發，將爬一座崎嶇難行的大山，可以預見途中又苦又累的景象，少不了要後悔、自罵：神經病！幹嘛不待在家裡享受清涼的冷氣？

然而登上山頂的那份驕傲，豈是山下仰望者所能體會其一、二呢？

儘管許多好友都給了我「良心」的建議：別去碰那一班。但我執著的驅力來源是外子的鼓勵：理想在那裏，就勇敢的走過去。雖然挫折、失意在所難免，只要懷著奉獻的心，沒有啥好顧忌的，就當它是上天要你再成長的考驗。

所以，不要說我勇氣可嘉，實在是承蒙上天的厚愛：給我一個肯支持、能體諒的先生、一對疼愛我如親生女兒的公婆，及一個連耍脾氣都可愛得要命的女兒。何況，我真的是撿到「寶」般的選擇五九這塊福田來耕耘。

餐會中，見到A爸爸第一眼，我「哦」的一聲，他立刻接腔「對，我就是那個小麻煩的爸爸」。一時之間，我竟答不上話來。一點也不錯！不只A一個，整個五九就是三十個小麻煩的結合，很多時候，教室有如流動攤販的交易中心；但如果有機會見識他們的專注和在意的模樣，真會教人嘆為觀止。不論是紙版畫的雕刻與油印、香包的縫製、紙籃的編織，他們求好的心意大概就是我愛上他們的開始吧！

有一本書推薦給您《今年你七歲》，那是兩年前林校長寄贈到美國，我連夜翻閱，不時捧腹大笑的一本好書。今晚腦海中，總浮現「波波」的影像，因為五九的這三十個小麻煩，都或多或少有著波波的個性與才氣，更相信這群小麻煩的家長，也時而有著波波雙親的困擾及感動。書中所言，應能得您心啊！

但，請別緊張，不是給家長的作業，也無需撰寫心得報告，只是想在暑假中，讓您有機會從另一個角度來了解這群優秀野馬的其他面。另外，再從資優教育專家蔡典謨教授那篇〈幫助孩子成功的教養態度與方法〉，為自己的父母親角色打個成績吧！

看到這兒，是否開始恐懼我將接五九的這個決定？如果覺得壓力太大，或家長的權威受到挑戰，別客氣，立刻打電話給林校長，隨時都可以更換人選，千萬別委屈求全喲！

當然，如果您能接受我的誠意，能相信我愛孩子的動機，那麼就請多幫忙輔導家中的這個小麻煩，認真、用心的完成今早我交待給他們的三項暑假作業，分別是：

一、暑假趣味休閒計劃。

二、讀書等身記錄。

三、閱讀報告。（不足者，請自行加印）

期待每個小麻煩都有個安全、快樂且充實的暑假，也祝福每位家長平安喜樂。

下學期見囉！

宋老師　敬上

一九九五年六月二十六日

於新店家中

暑假一開始，我帶著公公婆婆和女兒飛往美東探親。才一個星期，我就想念五九的孩子，而提筆給在台灣的他們寫了一封信：

嗨！親愛的小乖乖：

你們好嗎？放假的日子裡都做些什麼呢？是不是每天都過得很平安、過得很快樂呢？可知道遠在地球另一端的我，有多麼的想念你們！尤其每當女兒Judy見到糖果就脫口而出，向爸爸炫耀「在台灣有個闕啟倫哥哥會買糖糖給我吃」，你們天真稚氣的小臉蛋兒，立刻浮現腦海，恨不得馬上就能看到五九的每一個小可愛、小麻煩、小搗蛋。

託你們帶資料袋（內含一本書、一篇文章及一封給家長的信）回家的那天中午，在司令台附近見到一個個手捧大包小袋的五九孩子，向著交通安全室走來的畫面，仍歷歷在目。感覺上，你們是真心的快樂，並且充滿信心——對即將值勤的責任崗位。看得我好感動哦！幾位先發現我的女同學，緊張地靠過來詢問我怎麼沒給你們我在美國的地址？我還來不及說明，後面跟著的一堆男生也湊進來，七嘴八舌的吵著要我趕緊到教室黑板寫下美國地址，你們才能在暑假中和我保持聯絡。

雖然那場面有些失控，因為值勤在即的時間緊迫，你們的語氣聽來像立法院某些激動的立法委員，給人咄咄逼人的感覺。但此刻回憶起來，仍覺溫暖極了！謝謝你們這麼在意我的行蹤。謝謝你們給了我這麼強烈的被尊重感！

猶記得那一個星期五下午的美勞課，你們在課堂上集體邀請我接下你們六年級級任老師的熱誠，幾度欲言又止的迴避著你們強烈的疑惑：老師，你到底怕什麼？為什麼不敢接我們這一班？

老實說，我的確掙扎於聽聞中的五九與實境教學中所接觸的你們，居然有那麼大的差距，難道對五九，我多了一份自己都未曾察覺的分別心嗎？

聽說中的你們，是一群愛計較，又不知感恩的孩子，常常是強詞奪理，甚至理不直，氣還挺壯的呢！可是在我們一學年美勞課的相處，沒有傳說的不可理喻。那一次，看見你們氣呼呼的踏進美勞教室，仍心有不甘的討論著與別班起衝突、被邱老師誤解的不愉快，我當下決定先把美勞進度擺一邊，因為我發現在你們激動的情緒中，有一股非常需要被聽、被接受的需求。三十個小嘴巴爭相發言的場景，好不熱鬧！我只能按著舉手順序，請同學一一發表內心的憤怒。聽著、聽著的當兒，我竟陶醉在你們激動下，隱含著的幾分純真及想要把事情說清楚的那份執著，我好像看到當年的自己：「有錯，請直接告訴我，讓我知道怎麼改正；如果錯不在我，請給我機會說明，並還我一個公道！」

大概就是這種惺惺相惜的心理，我才能更有耐心地傾聽你們的訴說，也以更平等的態度回應你們的情緒，進一步為你們釐清造成你們不甘心的原因何在。記得嗎？那兩節課上完，我們好像不是師生關係，而像好朋友一般。看你們滿意的離開美勞教室，我內心的成就感，其實不輸你們呢！

又有一次，那是一個燠熱的星期六，因為中暑，我感到非常不舒服。但為著有三個班級等著我示範香包的針法，勉強抱病到校，強忍著極度不舒服，支撐到第四節，幾乎已經站不起來。見你們興匆匆走進來，我愧疚的說：「請你們體諒我的病痛，並請容許我下週找時間再補課。」那節就由你們自己決定留在座位上的自主活動：馬瑋國忙進忙出地為我倒開水、陪我上洗手間，惟恐我昏倒在地；朱逸駿走來走去，替我傳達重要指令給相關同學；哦！我還欠葉乃仁一瓶鋁鉑包紅茶（雖然他一直說不必還）；忘記是誰替我跑腿到幼稚園抓回一把糖果，避免我的血糖繼續降低；其餘同學則是安分地坐在自己位置上，做著自己想做的事兒。雖然沒有一致性的工作，可是教室內井然有序。雖然我一直暈眩，卻清楚地感受到你們能體貼的那份細心。真是教我又愛又驕傲！

由於你們實在又溫暖的回饋，在我決定接下五九的級任時，竟是只看到你們的好，別人眼中你們的缺點，好像都被我忽略了（我自己知道這樣滿危險的，可是又有什麼辦法，有道是「情人眼中出西施」囉！只盼望未來一年，我們真的可以坦誠相待。）

就因為對你們的這份情感，使得那天為六年級配花，在校園列隊歡送六年級的驪歌聲中，我想到一年後，我也將領著六年九班的三十個小天使步出龍安校門，心裡竟沒來由的湧上一股不捨之情。看！都還沒到手，就已經想著捨不得放呢！不禁笑自己，真是無可救藥！

隔日的畢業典禮（只有少數屬於合唱團的同學可以參加），我看著坐在典禮台上，畢業班的九位級任老師，我竟也想像著明年此時，我的六九孩子們坐在台下的情景。猜想著你們是懷著一份感恩的心來參加畢業典禮，或仍舊是一般人眼中愛嬉鬧、不莊重的那群實驗班孩子，不服管教的那種頑皮樣兒？

當然，我也不免會揣摩著坐在典禮台上的自己，又是怎麼樣的心情呢？你們說呢？

一種如釋重擔，甚至是「好理加在」，終於可以把你們送走，再也不用再看到你們的心情；一種是依依不捨，多想永遠留住你們的那份貪念。

你們猜猜看！

大家不妨利用暑假，好好想一想這個有意思的話題。是什麼原因會讓我有前一種心情面對你們的畢業？這些原因中，會不會有你扮演主角或配角？如果是後一種不捨的心情，又是因為你們給了我什麼樣的留念？這其中，你願意是主角？是配角或只是當個冷漠的觀眾呢？

期待經過你們認真的思考後，下學期我們能有一番豐富的對話，然後為六年九班即將來臨的這一年勾繪出一幅遠景，讓我們三十二名成員（請加進Judy和我）互相感恩、互相關懷的生活在那遠景中。

留給你們的暑假作業，開始動工了沒？有困難嗎？不要忘記善用社會資源，為「自我成長」往前跨出去。預祝各位有一個豐收的愉快暑假。

師　慧慈　敬上

一九九五年七月七日

於美國巴爾的摩

◆

在美東的這一個夏天，我跟外子的談話內容，以「如何帶給這一個『四一〇教改班』活潑化的教學及多元性的評量」話題居多。曾經對「夏山小學」的憧憬、曾經對「雙溪國小」的遺憾，將要在龍安國小實現；對女兒正要面臨的教育環境所抱有的期待，也將在龍安校園試水溫。

帶著滿滿的理想回到台灣，準備開展自己教學生涯不同於「美勞專任」的另一個春天。在校長笑臉盈盈的陪伴中，我與班親會召集人，也是這個班的學生家長大學數學系T教授於開學前有一番愉快的會談，對這個教評班在「行政、家長、教師」三端的充分合作下，會為台灣未來教育帶起一股新氣象充滿信心。

回家後，我跟外子傳達了樂觀的訊息：「T教授只是談話間容易跳躍，並沒有傳說中的不好溝通，而且對我願意接這一班的勇氣，一再表示佩服，完全不像兩年前批評我當合作社經理時的無情。」

九月初開學了。我以「最佳救火員」之姿，再回到龍安同事群中。構想著許多的對話題材，要引導孩子走上「自律」；規劃著許多的課外活動，要帶領孩子啟迪「潛能」。原本已就讀新店中正路幼兒園小班的三歲九個月女兒，得到校長的開恩：以唯一一位小班年紀的學生，轉學寄讀龍安附幼。於是，我得以每天和女兒同進退。一切看似美滿，其實為我承接這一個教評班的六年級級任老師帶來不小的挑戰。

開學第二週，我就請孩子回家轉告家長：「因為宋老師的女兒還很小，晚上要多花些時間陪女兒。如果有事，請用聯絡簿溝通；如果是急事，請在七點前打電話。過了七點，是老師的家庭時間。」

隔天，班親會召集人T教授委婉透露：「有家長對妳昨天的態度有意見，認為妳不願意跟家長溝通。」召集人要我以後說話要慎重些。

我腦門一轟，「老師應該擁有私人的家庭時間，有錯嗎？」過去聽聞這班家長很難搞的一些畫面浮現眼前，心中油然升起「誤入叢林」的疑惑。還好這學期新轉入的C同學的媽媽給了我一針強心劑：我兒子滿喜歡妳的唷！

說到這位轉學生C同學，又有一長段的故事要講。

五年級上九班的美勞課，已經被一群女生告誡：那個五下才轉進的女同學「怪怪的」。雖然在我的美勞課堂上，我挺喜歡這個女同學的，但明顯地感覺得出她朋友不多。因為沒有機會和家長談她轉學的原因，於是我自己認為是打不進舊團體吧！

孩子們對我抗議：「我們家長當時都簽了『切結書』，不會回到原班級，學校也承諾不會有新生轉入，怎麼她還可以轉進來？」但因我的身分是美勞老師，對孩子這樣的不滿言語，認為事不關己，也就聽聽罷了。

然而，如今在我手上要「再」轉進來一位新生，我得弄清楚細節，才能服眾。後來私下詢問，得知這名五年級女同學轉進來的理由是「女生人數太少」；但六年級要加進來一個男同學（當時班上原本是二十位男生，十位女生），又是什麼理由呢？

C同學要轉進六年九班，是我開學日進到教室，看到孩子怒氣沖沖的場面，我才知道的。安撫完孩子們的「聽說」，我快步去向校長求證。

校長只告訴我，C同學的媽媽晚一點會來學校和我談，這樣的回覆讓我很茫然。家長要跟我談什麼？行政的承諾又是什麼？要答應有轉學生進來以前，我這個級任老師為何完全沒有被告知？

我第一次感到這群孩子的意見多到我來不及回應，而且幾個孩子陷入「先把剛剛的事說清楚，再談下一件事」的執著情緒裡。從他們臉上「不屑」的線條，可以連結到兩年前四年級老師們說的「這群孩子不尊重老師」。我如臨大敵般的無法放鬆，好不容易撐到放學，還得和轉學生C的媽媽會談。

C媽媽給我的印象是：「為這孩子一直換學校，操了許多心！」

「C同學居然連體制外的森林小學都讀不下去，如果我可以讓這孩子找到生命的出口，why not？」是我非常單純的念頭。與家長談話的結語是：「我不知道能不能被妳兒子接受？我有一個要求，如果有一天，你兒子又出現拒絕學習現象，家庭要跟學校配合，不要立刻順孩子的意。」

C媽媽欲言又止地嘆了口氣後，與我道別。同樣為人母，我對C媽媽的難言之隱有一份心疼，但接下來面臨的問題是我要怎麼跟九班的其他孩子說。

我不喜歡用一句「我也沒辦法」就把責任推給校長，但對孩子的挑戰：「當時那女同學轉進來，說是因為女生太少，現在又為什麼可以轉來男生？」我詞窮。還有孩子更挑明地說：「女同學轉來後，學校說不會再有轉學生進來！怎麼又來了？大人說話都不算話。」我更無言以對。

倒是一位家長曾在親師會警告我：「這群孩子意見太多了，有時候不用理會他們！」這句話讓我亂了價值觀；兩年前，許多家長不正是不滿意當時的四年級級任「都」不理會孩子的意見嗎？

然而，不到一天的功夫，這群孩子就沒有那麼抗拒轉學生而接受了我的想法：「就先讓C同學來試讀看看，也讓我看看你們能不能改變C同學的學習態度。」對於C同學一再換校的細節，我沒多說，事實上，我也只知道C同學對以前的老師教學方法和給的作業內容不能接受而拒絕到學校，究竟發生什麼衝突，我其實也不清楚。不過，連體制外的森林小學都容不下他，我倒是「剉咧旦」！

當天跟外子通越洋電話，我回報的重點是：孩子無辜，是台灣的教育體制對不起這樣的孩子。也跟外子分享我對九班孩子的欣賞：「有話就說，但也能聽進我的想法。」

外子回應我：「因為他們的心聲，先被妳聽進去了呀！」至於轉學生，外子以「緣分」說，要我盡力就是，不要給自己太大的壓力。

課程是發展出來的

要上T教授的數學課了。我「被期許」要在教室「觀摩學習」大學教授的建構式數學教學法。但說老實話，我覺得不開心，也認為沒必要。「一整年的數學課由大學教授來上」是當初我願意接任這個實驗班的福利之一，我可以利用每天的一節數學課離開教室，到教師休息室六根清淨地批改孩子的日記和聯絡簿，就像孩子們在上科任課一般，理所當然是我的空堂，怎麼會變成我必須被「綁」在教室內？

我原本是有些不情願的。「老天啊……這在教什麼啊？」是我的第一觀感。更令我擔心的是，當我站上講台，總是能和我侃侃而談的好幾位孩子，在我觀摩的第一堂T教授的數學課中，好似興趣缺缺。

作數學研究，我肯定不如大學教授；教大學生的高深數學，我也絕對沒那能耐。但，如何引起小六孩子對數學的學習動機，我可是很有把握。小學老師優於大學教授的，是班級經營的手法，我們可以用孩子聽得懂的語言督促孩子學習，把教材轉換成孩子樂於參與的課程。

那一瞬間，我倒是慶幸我有留在教室觀摩大學教授上課。「教學」是門科學，但更是一門藝術。教材要有結構，教法卻必須因應學習者而異。

我所得知的建構式教學法的基本精神是：「把學習的工作，還給孩子，大人只要幫孩子搭鷹架。」至於搭什麼款式的鷹架，還真得因時因地而調整。一瞬間我恍然大悟，難怪龍安許多資深優良教師不買這位大學教授的帳。接連觀摩了幾節Ｔ教授的建構式數學課後，在一次教授對我抱怨「孩子上課秩序不良」的話題下，我建議以後的數學課，我都先跟教授請教，再由我站上講台引導孩子學習。

Ｔ教授認為這是上好的辦法，外子卻笑我傻。畢竟願意接這教評班，很大的吸引力是可以減掉每週六節的數學課。但良知容不得我見著多數孩子在數學課當客人，我也開始接到家長反應孩子回家寫數學作業的為難。結果我沒賺到「減課」的便宜，還多攬了一個工作在身：每週兩天下班後，要到家長會辦公室聽取Ｔ教授的指導。

如果沒有時間壓力，和Ｔ教授「閒」聊，是輕鬆的。Ｔ教授知識淵博，隨時都有自己的一套連結，而且舉一反三的功力奇好。但是，我還有一個寄託在學生家的小班女兒，回到新店的家還得打理女兒的生活細節，還要為明日的教學備課……

外子首先提出「不贊同」，他考慮的是我的安全。十月的天氣，晝夜漸漸消長，外子考量我離開龍安家長會辦公室，獨自一人踏出校門的危險，加上聽我說和Ｔ教授的會談，只是說東道西的無關建構式數學的內容，外子更質疑四歲女兒寄放在班上另一位女同學的家長蔡教授家、叨擾別人家庭作息的必要性。

可是，我找不到拒絕不在課前向T教授「報告教學內容」的勇氣。

班級經營還在忙著，沒想到才過完教師節，就傳出家長在九月底曾經密會檢討「宋老師的適任性」。這個很傷人的訊息，對我真是青天霹靂。明明教師節前夕，家長們還送禮、送卡片，怎麼回事？這個訊息打擊我很深，讓我摸不清家長是敵是友，我下定決心不再陽奉陰違地和T教授討論教學策略。

遠在美國東岸的外子，前所未有的憤怒，批評這群家長的不尊重。但他也理性地提醒我：先弄清楚聚會中家長對我的不滿是什麼。「有則改之，無則勉之。無論如何，都不要傷害到學生。」外子這麼交代。

我無從問出聚會內容，只好開門見山的請教T教授。T教授倒也實在地說了他的心情：「我一開始，並不贊同家長背著老師討論教學的情事，我覺得那樣很不尊重老師；但，幾位比較在意教評班教學理念的家長很緊張，不知道妳究竟要把孩子帶往何處？」

這樣的家長焦慮，真是教我天旋地轉。總結就是：家長看不到我的教學計劃。

「課程是發展出來的。」這是外子很支持的教育觀點，外子很不贊同老師照表操課、照本宣科。日夜的相處，這一部分，我受到外子很強的洗腦。不過，我也可以理解部分家長望子成龍的急迫性。我當場答應T教授：一週內就會擬出這學期的教學計劃。

教學計劃，也是許多老師不願意接手教評班的主要原因之一。除了麻煩，更為難老師的是：計畫要送交行政和家長審核。對許多老師行之多年的只提「課本的教學進度和考試範圍」，屬於教評班所衍生出來的這一個教學計劃，在無前例可循的年代，老師們當然是多一事不如少一事。

但對我倒是不難。來到龍安國小的前十年，我擔任六年級的美勞專任，除第一年由員生消費合作社代購「半成品」的美勞教材外，第二年起，我都是自己訂定教學目標，自己設計教材單元，再提單請合作社代買學生家長不易準備的材料。所以要擬定「大單元」教學計劃，我應該是駕輕就熟的。

T教授對我可以提教學計劃的輕鬆態度，顯然還有話要說。我以顧全大局的心情，請T教授對哪些家長還有哪些疑慮，全部告訴我。

T教授支支吾吾地道出令我訝異的三點：

宋老師自己上建構式數學，行嗎？

宋老師曾經看過精神科醫生，對孩子好嗎？

宋老師對孩子說她請假的原因是經痛，還有在課堂上說自己因為是雙角子宮所以不易受孕，這樣的言行恰當嗎？

我完全無言以對。

外子對這些家長的感覺是：「一群對老師、對教評班都不夠有信心的家長。」他要我以「慈悲心」來看待。而這一段背著我舉開「家長檢討老師適任性」會議的劇情，重重地敲醒了我，也讓我重新認識了每天來教室關心我需要什麼幫忙的爸爸媽媽們的焦慮。

又過了幾天。T教授再度帶來一個讓我啼笑皆非的訊息：「Y爸爸控訴孩子的心都被宋老師收買了，居然不讓家長看他的日記。」

我笑著回應T教授：「我不需要對這議題解釋什麼！」我也更明白Y爸爸最近勤走校園的用意。對他，我除了更警戒，也選擇敬而遠之。

外子猜Y爸爸的成長過程，可能有許多的不愉快，而且不被信任，要我看在孩子的份上，對Y爸爸多一些同情。但我實在做不到！只要在校園見到西裝筆挺的Y爸爸，我就像見到來蒐證的特務那般的不悅，根本起不了絲毫的憐憫心。

漸漸地，我與那群發起檢討我適任與否的家長的親師關係，少了信賴感，那幾位家長的孩子在學校的學習狀況，我都斟酌再斟酌，才敢回報，很怕又被「興文字獄」。但，在此同時，我也與更多數的家長有了「教育事業合夥人」的革命情感。我清楚地覺察到六年九班這一個教評班的三十一位家長，出現了「選邊站」的情勢，那是我和外子都不樂見的局面。

十一月，我以「六年九班何去何從？」召開了一次班親會。來了許多曾經留言支持我的爸爸和媽媽，光是他們的眼神，我就知道「沒有落跑」是對的決定。會議中，我誠懇地為帶給少數家長的不安而道歉，也祈請家長對這個台灣教改史上的空前實驗班能多一份等待的耐心。但T教授轉述了會後家長們對我不友善的說詞：「孩子又不是白老鼠，怎堪實驗？」

那次會議後，外子教導我：面向陽光，讓陰影留在身後。外子要我多親近支持教評班設班理念的家長，多與這群家長互動，不要輕易被另外一群「自認為有理念」的家長減損了教育熱情；外子一再叮嚀我：絕對不可以因為家長的態度，而丟失了對孩子的公平教導。

我對孩子沒有任何標籤，但因為家長的認知，往往影響了我對孩子用情的力道。

我的六年九班，在八十三學年度成立時，是龍安國小五個教評班之一，號稱是台北市的龍頭教評班。當我在承受九班家長的壓力時，望著其他不同學年的四個教評班家長對待老師的和顏悅色，真是羨慕不已。

我跟T教授說：家長可以不認同我的教學方法，但，不要老用不好的角度來猜測我的用心。T教授說少數的家長好像失控了，他也莫可奈何。

外子激勵我：六九，是我前輩子的冤親債主。這輩子一定要好好解冤解業。

對於T教授指稱六九有許多孩子的常規不好，外子以他特教的專業評估：六九的孩子都很資優，但專注的學習態度沒有被有效的教導，特別對師長的尊重這一區塊，還有很大的進步空間。

T教授說了一句讓我和外子都贊同的評論：「孩子是家長的一面鏡子。」因為實驗班的設立，有專款專用的獨立經費編列，我們五個教評班老師被通知：有一筆研習經費可以讓我們五個級任老師自主運用。我提議邀請對孩子的特殊學習狀況最有研究的鄒醫師來接受我們各班任課老師的個案請教。其他四位老師都舉雙手贊成。

我在電話中報出外子的名號，鄒醫師立刻應允來學校陪我們幾位已然受挫的教評班任課老師鑑定孩子的學習特質。我們五位老師深感猶如在大海中抓到一根浮木般，沒想到教務主任傳來回覆：「這筆經費是要用在跟建構式數學有關的研習上。」

我有一種被耍的感覺！可是，跟鄒醫師已約定時間，而且我自己對「認知孩子的學習特質」比對「如何教建構數學」有更迫切的需要。得知校長對「研習主題」的態度很堅持，並指名要由T教授來授課，我當下決定自己準備三個鐘點的講師費，就以個人事假跟鄒醫師約在離龍安國小不遠的和平東路「芳鄰餐廳」裡「一對一」的研習。

鄒醫師彷彿在看私人門診般的聽我暢談這學期來的挫折，她最後的回應深得我心：「非戰之罪！聽來，學校政策模糊，家長需求分歧，害妳有一種『怎麼做、怎麼錯』的徬徨。」踏出芳鄰餐廳，我像卸下重擔般的陶醉在初冬溫暖的夕陽裡。回家，才跟外子通報今天「自費研習」的祕密。

外子回應：鄒醫師果然是專業醫師，把脈精準；這四千八花得太值得了！要請教育局編列這樣的專業諮詢經費給教評班的老師們。

幾位召集密會宋老師適任與否的家長，對於由T教授「親授」建構式數學的呼聲，一直沒停止過。他們聯手對學校施壓：當時要成班的條件是由大學教授來上數學課。

我早就不再計較每週得多上六節課，也開始享受孩子因我的佈題而能樂在學數學的教學相長中。但小學老師畢竟比不過大學教授的頭銜。外子的建議好像在開玩笑：「下學期，六年九班就開兩班數學課，有小學宋老師和大學T教授，公開讓孩子選課。」

我很擔心這樣會造成孩子的分裂。但外子認為：「對妳是不是真心對待每一個孩子，正是考驗的開始啊！」

確實得面臨挑戰：怎麼跟選擇上T教授建構式數學那班孩子的家長互動，是一大學問。外子鼓勵我：只做事實陳述，不要有個人好惡的價值判斷。

外子趁聖誕假期，在十二月中回到台灣。關於「多元性評量」，他給了我許多的好點子。因為擔心家長的質疑，我的評量記錄鉅細靡遺。加上外子借用電腦化的統計方式，對六九孩子的各項表現，可以比較客觀的呈現；特別是德育的行為常規評量，為了能對家長有更全面的說明，我每個月都有學生自評、同儕互評及教師觀察的紀錄。外子設計了可以兼顧各個面向的統計程式，避免因老師個人的喜怒而影響了公平性。

放寒假前，我發了「個別孩子學習記錄說明」的調查表，在外子的陪同下，對想要了解孩子各方面優、弱勢能力的家長，當面說明。

◆

親愛的六九家長：

您好！

從接觸「六九一族」的那一天起，教評班的實施目的及教學精神，盤踞了我的大部分心思，尤其「教學評量」一事，更時時縈繞我腦際，非常謝謝瑋國爸爸、彥亨媽媽先後於去年十一月二十四日晚，家長教學研究小組會議上的點醒：依據台北市國民小學試辦「教學及評量改進班」實施計畫中，第七項所示——教評班的學習成就評量，應（一）重視形成性評量，每學期至多舉行一次總結性評量（二）綜合運用各種評量方式，不侷限於紙筆測驗。讓我可以有機會站在家長的立場，對「評量結果」構思更深一層的用意。

於是我開始積極地與學校行政單位溝通，希望六九一族的學期評量，可以呈現出本學期多樣化教學的結果，也希望這份評量結果，帶給家長的不再是一個籠統的等第，期望家長面對學習評量結果的通知單時，對孩子的學習狀況能得到一個比較清晰的圖案——我的孩子好，是好在哪些方面？如果有待加強，站在家長的立場，又該從哪些方向協助孩子呢？

很幸運地得到校方善意的支持，也因著外子在電腦科技和測驗統計上的援助，使我敢於為六九一族規劃一套比較詳盡的評量內容，及一張不同以往只登錄各科等第的成績通知單。經向本班召集人T教授報備，也商請家長代表之一傳儒媽媽，先行就整個評量的架構做一初步的調整，總結出六九這學期的五育評量雛形。為顧及每個孩子獨特的個別差異，懇請您仔細審閱評量的各項內容與百分比，更盼望您不吝賜教。

依據教育部所頒「國民中小學學生成績考查辦法」第三條所載：國民中小學學生成績考查，依德、智、體、群、美五育分別辦理，其內容應兼顧認知、情意及技能三方面。同法第二十三條規定：學校應將學生之學期或畢業成績，通知其家長或監護人。通知中除德育、智育、體育、群育、美育等五育成績外，並應將智力、性向、情緒、興趣等項測驗分析結果及其性格特質、學習能力、生活態度、特殊才能等同時加以說明，並提出建議。以老師的立場，我有責任向家長報告貴子弟的學習成就。但為了尊重家長的不同理念與需求，本學期六九的成績通知單有很大彈性的選擇；也為了避免文字敘述造成的傳達與接收不一致，我願意提供寒假開始的頭兩天，與家長每人二十分鐘的面對面溝通。歡迎您於約定時間前來學校「妙妙屋」親師懇談，為免耽誤下一位家長，請您先擬定需要老師說明的三點主題，待確定懇談時間表之後，再以電話與您聯繫。

成績考查辦法回條　　學生姓名：　　家長簽名：

一、關於上述六九成績評量內容：	二、關於成績通知方式，本人選擇：
□ 完全贊同宋老師的設計。	□ 無需通知。
□ 本人將於1月20日家長會中，親自提出個人看法。	□ 只要五育的等第。
□ 本人因事不克參加家長會，謹以下列意見，委請宋老師於會議中提出，並請列入會議議程討論之。	□ 需要五育的個別平均分數。
意見如下：	□ 請列印五育中各科目的得分（如：列出國、數、社、自等科分數）
	□ 請詳列每一科中，各項評量的得分（如：國語科的讀書、說話、作文…，數學科的練習、推理、發表…）。
	□ 請加列每一分項全班的平均數，以為參照。
	□ 除通知成績評量結果，希望能與老師當面溝通。
	本人方便的時段是：（請以1,2,3表優先）
	□ 2月1日上午 9:00～12:00
	□ 2月1日下午 13:00～17:00
	□ 2月2日上午 9:00～12:00

外子以他的特教專業，協助家長了解孩子的能力與限制，也當場回答許多家長在教養上的疑慮。即使是這麼單純的發心在為孩子的個別差異著想，依然被沒來聽成績評量說明的家長批評：「宋老師用分數在箝制生命。」

外子安慰我：「人在做，天在看。只要問心無愧。」

六九下學期的數學課，用腳投票的結果：小學宋老師與大學T教授的數學課學生人數各半。少了一群虎視眈眈要找我數學課教學閃失的家長，六年級下學期的數學課，我上得更是如魚得水。畢竟面對十六個比較尊重課堂規矩的孩子的數學課，當然輕鬆愉快許多。佈題，可以有更寬廣的動機引發；解題，可以有更深度的團體對話；評量，可以有更多我的專業設計。誰能說這樣的教學沒有建構精神？

幾個真是無法建構起自我概念的孩子，我只求他們不要害怕上數學課，不要放棄了自己的學習信心。何況數學並不是每一個單元，都適合以建構式教學來展開的。

教改要對多數受教者有益

畢業後的一次六九同學會，我問後來成為眼科醫生、綽號「咕咕雞」的帥哥學生：「當年用腳投票，你選誰？」

他哭喪著臉回我：「您啊！您怎麼可以忘記我？」

我叫出腦中的舊畫面：「有有有！哈哈哈！我開始對你有印象了，而且，你好像都臭著臉！」

「有嗎？我應該都很認真上課吧！那您記得我六年級數學期末考考超過滿分嗎？」帥哥醫生眉飛色舞地話提當年勇。

我也不甘示弱：「對！我很有創意的出了加分題。」

帥醫生得意之情溢於言表：「哈哈哈，對！滿分140，加分題4分，我全部答對，我記得我總分144分。」

他緊接著說：「我很感謝您對我數學的啟蒙，我後來數學一直都很好，大學指考的數學甲（理組數學）還考96分，是我三類組六科中最高分的。」

記憶力奇強的帥哥學生讓我老人家的虛榮心飄上雲端。但，我還是很好奇為什麼他當年沒選T教授？

這位學生時代是國語演說常勝軍的醫生有條不紊地說：「一、我當時喜歡您的教法，T教授的教法對小學生來說太深奧了，我聽不懂；二、選T教授的同學平常跟我不熟，我想跟我要好的同學一起上課，我才會有學習的興趣。」

同學會上有女生接話：「兩組數學班，有很明顯的家長特質，分成『喜歡宋老師』與『不喜歡宋老師』的兩群。大多是家長要孩子選T教授。我記得那時您都要趕那班的學生去對面上數學課，他們說聽不懂T教授在教什麼，連他兒子都很無奈。」

陪同我出席同學會的外子輕輕說了一句：「路遙知馬力。」

不過，外子倒是對台灣教改史上的這一段「實驗」滿懷慶幸：「還好當年是我老婆那『打不死的蟑螂』的個性，才能在十年後有『輕舟已過萬重山』的精彩回憶。」外子形容得真好，那「萬重山」可真值得台灣推動教改的諸方專家學者好好地研讀呢！

最多餘的「一山」，也被帥哥醫生在同學會上提出來：「您知道Y的爸爸在我們畢業後，有寄信給全班同學罵您嗎？」面對舊事重提，我已無怨無悔：「我知道Y爸爸有寫信，還到校門口發傳單批評我。」

外子笑著幫我補充：「當時宋老師人已到了美國，也申請調校成功，我勸她就當日後寫書的參考素材吧！」

帥哥又狗腿了：「老師帶完我們六九，就離開龍安國小了。龍安少了一位好老師。」

唉呀！龍安的好老師其實很多。

但是，部分家長和強勢行政不能珍惜老師的好，激起全校老師的危機意識，而有極高比例加入的教師會成員，促成了龍安國小成為台北市第十名取得教師會立案證書的學校。

在帶領六年九班的下學期三月，我雖已經做了調校的打算，但看著校長對教評班的迷思，實在不忍一個好的教育理念糟蹋在少數「唯我獨尊」的人士手上，更不忍許多老師自認人微言輕，默默選擇提早退休或遠走他校。

我在外子的鼓勵下，積極置身在龍安教師會的領頭羊群中。龍安教師會的核心成員，都是無給職的志工，也都是龍安數一數二受家長歡迎的老師。在沒有任何減課的福利下，我們秉著知識分子的生命熱情，想要為「理想中的教評班」力挽狂瀾。

我們不是反對教育要改革，我們在意的是改革的實質效應是不是真的利益到多數受教者。我們努力在自己的專業領域，我們不希望由對教學現場不夠深入的專家來擬定改革的策略。

我在忙著六年九班畢業前的主題教學和教師會第二期會訊主題訂為「我看教評班」問卷調查的分身乏術中，外子以對我的了解伸手代筆，幫我寫了這一篇教評班教學感言：

後悔了嗎？——談教評班教學的酸甜苦澀

「棄我去者，昨日之事不可留，亂我心者，今日之事多煩憂」，這段話可真是我接手有所謂「龍頭教評班」之稱的六年九班最貼切的心情寫照。

「後悔了嗎？」面對同事關懷的詢問，我可以肯定地回答：「我沒有後悔！」但我也得誠實地補註：帶這樣特殊的一個班級，壓力之大，確實讓我感到好辛苦。尤其初接班的前兩個月，在學校政策不明，家長需求不一的情形下，一切都得靠著教師個人的自我摸索，學生的學習反應是惟一的參照指標，適時地去調整教材和教法。然而，由林校長和田會長處傳達而來家長的質疑，卻與日俱增，但又不知道應該和那些家長當面溝通，每天生活在「怎麼做怎麼錯」的挫折中，當初為著教改信念，不顧好友的忠告，抱持著「雖千萬人，吾往矣」的接班鬥志，到這時幾乎消失殆盡，日子過得真是很不愉快。

在教學士氣最低迷的時刻，得到一群家長的支持，他們平時較為沉默，但認同我的教育理念，也相信我對孩子們的愛心，這才稍稍拾回一點信心。後來田會長的一句話：「孩子是家長的一面鏡子」，釋放了我許多的無力感，又從同事的談話中，知道這個班級的經營走向，問題早已存在，絕非我個人的能力所能克服。在了解了這個事實之後，終於輕鬆地卸下背負了幾個月的十字架。爾後，當再面臨少數家長似非善意的質疑時，自己也較能平心靜氣地處理，因為凡事豈能盡如人意，但求無愧於心！

雖然，一腳踏進教評班的實驗行列，這一路走來，跌跌撞撞，好不辛酸！但如果重新再選擇，我仍舊會選擇六年九班這樣的教評班來耕耘，單就孩子而言，我可要開懷暢言「得天下英才而教之」的樂趣，經常形容這群孩子個個都是優秀的小野馬，「如何在不減損他們創造力的情況下，協助他們降低些野性」成為我個人工作上的一大挑戰。幸好拜「教評班」頭銜之賜，課程得以彈性增刪，課表得以靈活調整，作業得以多樣呈現，活動得以自主選擇等各種利多因素，對一個有創意的教學者來說，真是一塊可以盡情揮灑的園地。

如果時間可以倒流的話，「良好的親師關係」該是我最需要再精進的課題。對於家長各種聲音背後所隱藏的教育理念，我要學會深聽，且清楚分辨。我也要先充分了解孩子與家長的親子關係，以便面對孩子的行為困擾時，可以作適當的回應：對有些家長不妨據實以告，然而對有些家長則或需暫時有所保留，等待更成熟的時機再予以提醒。一旦親師間能建立起相互尊重與信賴的關係，經營像六年九班這樣的教評班會顯得更輕鬆，更有成就感。

至於教評班的推行能否成功，繫於校方行政主管的支持及家長的參與配合。當然最重要者，莫過於基層教師甘之如飴的投入，唯有快樂奉獻的教師，才能帶出自信負責的孩子。

◆

果然「知我者，莫如外子！」如果再選擇，我還是會接任六年九班這樣的後母班；不過，「良好的親師關係」，確實是當時所有龍安國小的老師最該精進的課題。

一年很快過去了，送走六九的三十名孩子，我也跟龍安的風風雨雨劃下休止符；雖然好像是離開是非之地，這一年的歷練，卻也讓我在日後的作育英才，增添了非常豐厚的應對資糧。回過頭來看這段教改歷史，不論校長、家長或是老師，其實都為著「孩子」在認真，卻因為當時的時空壓力，沒有能夠寧靜的傾聽彼此、溫暖的回應對方。幾度回想，都覺得深深惋惜。

6

在景美溪畔轉念

面對家長的激烈想法，我會提醒自己：有意見，不代表批評；是批評，也不見得就是反對；真要有反對的態勢，也要善巧的別成為敵對。

「轉身」也要「轉念」，不然日子無法向前。

我是為了逃離前一所任教學校的恐龍家長及失控行政，而申請調來景美溪畔的力行國小。但面對許多朋友的關心，我的回應都是：離家比較近。

事實上，當年外子剛拿到教育博士而回台灣師大特教系任教；女兒因為「隨父就讀」，天天得到師大路上的台師大附設幼稚園「混」；如果我繼續留在龍安國小教書，每天都可以全家一起出門，一起回家，不是最理想的嗎？

但一群恐龍家長和一位本我校長，迫使我不得不選擇離開是非之地。最掙扎時刻，外子從美東寄來卡片，要我不要活在別人的掌聲中。於是我再度以「美勞專任」請調。當公布我的下一個服務學校是「景美區力行國小」時，很多教育界熟識的朋友警告我：這個學校的「教師會」很強勢。我心想：待過龍安，早已對任何的強勢都可以免疫啦。

為師的尊嚴

「教師會」曾是我在龍安國小投注最多心力的組織之一。當年龍安的女校長有一個奇妙的思維：「兩邊和大於第三邊」，於是，熱中於把家長會養大，再一起來「訓勉」老師。龍安自組的教師會，應運而生。

對教學，我本來就很投入，除非健康狀況不允許，幾乎不會拒絕學校交辦的教學活動；我也不是一個愛「唱衰」革新運動的人，對所有的新改革，我都願意置身策劃中心，但會以清明的眼光來看待一切發生，當然也就不會認同「實驗方案非成功不可」。

我在龍安國小的最後一年，承擔六年級的教改「後母」班，有許多親臨的客觀困境，在一向校方實情匯報後，被貼上「不配合教改理念」的標籤；眼看著校長的一意孤行——全面實施教學評量改進實驗，那倉促的決策已然帶給龍安教師們前所未有的恐慌、甚至引起退休和調校潮，我以「不忍眾生苦」的悲憫心，投身龍安教師會的發起。

其實，會出來當老師的人，特質都很單純、很善良，當然，更多的是明哲保身，不願、也不敢站出來和領導者抗衡。當年龍安教師會可以稱得上是台北市的龍頭角色，實在是老師們被逼急、被損過頭，「危機意識」逼得善良的一群沉默者，非得靠自強來自救不可。

「為師的尊嚴」是當時龍安教師會成立時，首要爭取的。

對於家長會少數成員喊出的「老師的薪水是家長們納稅來的，所以家長是教師的老闆」，剛成立時的龍安教師會核心幹部志工，一方面要安撫老師們憤恨難當的怒氣，一方面要為「教學專業」與行政進行協商，一方面還得顧及「為人師者」的形象。我則還要承擔「先生在美進修、獨自帶三歲幼女」的偽單親角色，身心俱疲。於是選擇讓自己抽離充滿挑戰的糾結環境。

找回教學熱情

來到力行國小，就盼著藉呼吸景美溪畔的新鮮空氣，重新找回教學的熱情。力行國小有一個讓我很訝異的教師氛圍：下班了，大夥兒集結在排球場、桌球室、和操場運動強身。完全不像龍安國小的老師，一到放學時分，立刻抓起背包離開校園的「想逃」心情。

我到力行國小第一年的教學任務，是全四年級共八班的美勞課。對我來說真是輕而易舉，所以也就有多的課餘時間，可以加入同事們的聯誼活動。加上外子愛運動、愛歌唱、愛交友，我很快就融入力行的教師群裡，感覺離開龍安國小，真是明智之舉。我重拾被冷落好一陣子的桌球拍，也買了一雙新桌球鞋，一有機會，就纏著教務處洪主任和教學組莊組長陪我練球。每天「香汗淋漓」地練，成為力行國小女教師桌球隊的一員。

跟外子說好，到力行，就是單純的美勞專任老師，不再過問校園裡的其他事務。桌球場上的學習成就，又悄悄在我血液裡彈出「雞婆」的細胞：想為力行成立四年級的男生桌球校隊。

這個念頭，先是得到外子的「不反對」（早就知道我老婆是閒不住的）；再得到洪主任和莊組長的支持：我們也都想過要成立，只是行政工作實在太忙了。最後和四年級級任老師溝通：很好啊。讓孩子有機會一展長才。

倒是在學務處的學姐主任那兒碰了釘子：很謝謝妳的熱心，但孩子的安全怎麼辦？

我一一回應出我事先和相關同事擬好的桌球隊選手培訓細節及接送事項，學姐只淡淡勸我一句：「請體諒我『不求有功、但求無過』的行政立場。」

感覺完全敗訴，而且沒有繼續上訴的必要。外子送我一句話：換位思考，與人為善。

這件事，讓我不再天真地「只」看到力行優於龍安的點，漸漸發現力行的行政也有恰如龍安校長和主任為難的線和面。剛回到台灣、在師大任教的外子說：有人的地方，就一定有這些事；他的方法是：學著縮小自己吧。

但我已然飛揚的雞婆細胞，很難再平復。有個機會和比較資深的同事談起「想成立學童桌球隊遇阻」的心情，得到同事一句「這兒的行政人員心態是多一事不如少一事」的回應，讓我陷入龍安的過往經歷：龍安的女校長精力旺盛，又因為沒有要照顧家中老小的顧慮，三天兩頭就有新花樣，加上龍安學區特有的家長資源，在龍安任教顯得壓力重重，龍安教師會試圖要行政團隊還給老師基本的工作權，不要天天為著教改把戲而費盡心思、甚至影響到家庭生活……看來力行的行政保守許多。

我用兩個截然不同的畫面來描述龍安和力行兩校教師會的差異：龍安行政人員的腳步很快速，像火車頭般死命的拉著還沒意識到教改潮流的大部分老師，教師會和校長及少數激進家長處於三角對立局面；力行的行政團隊對教改的風潮，採取穩紮穩打的隨流觀望姿態，教師會反倒批評起校長的不夠積極。

離開龍安的是是非非，我原打算不再過問教師會等江湖世事，就是單純做好一個基層教師的分內工作。經歷過龍安的風風雨雨，我認知到：沒有和諧的校園，個人不可能有快樂的教學。再想到女兒即將在一年後成為力行的小一生，就按捺不住早已看不順眼的校園批鬥磁場。

我在力行的角色很獨特。

跟校長和行政人員相處還算愉快，跟運作教師會的老師們也很有話題。但看著兩方各執己見，我實在不喜歡事情僵在「兩條狗過橋，卻互不相讓」的情勢。

學期末的一次會議中，我起身，英雄式地大放厥詞：「為了校園的和諧，總要有人先退一步，就由我起頭，我願意卸下美勞專任的保護傘，下學年的任務職掌，由學校視需求安排。我唯一盼望的是：行政幹部和教師會都能以學生為中心，架構出一套讓家長可以放心把孩子安置到我們力行國小的人事配置。」

好像很英雄？但恐怕是被看了笑話。從此，我和美勞專任再無緣搭上線。不過，卻在力行國小的家長「極高度尊師重道」的護衛下，有了不一樣的教學氛圍，有了跟「在龍安動輒得咎」全然不一樣的愉快教學。

學校行政沒有徵詢我的意願，就發布新學年度我要擔任一年級的級任老師。我歡喜以對。歷練過龍安教學評量改進實驗班「教學活潑化、評量多元化」的洗滌，苦撐過龍安少數強勢家長「自以為懂教育般的干預教學」的挑戰，我彷彿有了已身經百戰的無敵信心，準備迎接一年一班的三十九個家庭。

民國八十六年力行國小的這個一年一班，後來被家長榮耀地自稱為「天下第一班」。

開學日，教室走廊擠了滿滿的家長，我以開放的思維，邀請家長們：在不影響孩子聽我說話的前提下，可以站在教室內的任何一個空間。後來聽幾位關係比較靠近的媽媽說：當我站上椅子，帶動孩子唱「頭兒、肩膀、膝腳趾」的兒歌，媽媽們就對孩子入學小一、被編到一年一班，一點也不擔憂了。

我謹記著在龍安和「六九一族」兩類恐龍家長的相處心得，小心謹慎地籌劃這「天下第一班」的第一次班親會。我本著「邀約」的態度，通知家長有這個機會來聽聽我將如何帶領孩子學習哪些能力。我「附上多重選項的回條」，聽說也是當時的創舉。

會有這樣周延的思慮，真的都應該感謝龍安幾隻恐龍家長的教誨。很明顯地，力行的恐龍家長是草食性、是溫和善良的。

「天下第一班」的第一次班親會，我的感人演說功夫完全抓住了家長對我的信心，也為接下來的兩年教學，帶來前所未有的高度參與熱情。而且，我在第一次班親會上，就邀請到班親會召集人詹儒德先生，他慈悲的天性、開闊的心胸、無私的參與，讓我走出龍安恐龍家長的陰影。

但認真說來，龍安還是有溫和的恐龍家長，不然，我無法全身而退，也就無法與景美溪畔這群樸實家長交織出兩年美好的親師情誼。

除了孩子年齡相仿，我的女兒比這天下第一班小一屆，家長和我的年紀也相差不多，最主要的是這班家長對我的教學理念「帶起每一個孩子」是完全的信服，對我的班級經營「孩子都是朝著被鼓勵的方向前進」，更是由衷支持。

第一學期的第二個月第一個週末，家長自發地從家中提水桶、帶掃把抹布，和孩子一起讓一年一班的教室窗明几淨；又在十一月的校慶運動會的高出席率，讓一年一班的孩子享受了校園的天倫之樂。這兩件班親會的自主活動，聽說創下力行國小家長參與學校教學的新紀錄。

我在學期中，邀集幾位電腦文書高手爸爸媽媽，把開學以來，家長對孩子的用心、對老師的支持，搭配孩子們的優秀作業，集結成一份簡易班刊，聽說也是力行國小創新的親師互動先例。

一年一班的第二個學期，巧遇民國八十七年台灣全面實施「隔週休二日」的新政策。經歷了一學期「隔週休二日」的畸形課程安排，我不想再面臨讓孩子彷若吊在半空中的不踏實學習，於是，在二年一班開學前的班親會幹部聚會上，說了我的構想：因應隔週休二日的課程安排，我想邀請家長來「獻寶」，鼓勵家長透由自己所長的親自教學，豐富孩子們的視野。

才報告完畢，立即有媽媽說可以帶孩子參觀台北市假日花卉批發市場的作業流程；有媽媽提議帶孩子去坐剛剛通車的捷運；有爸爸說他可以聯絡參觀翡翠水庫……班親會召集人立刻說他會擬一份調查表，廣邀家長的參與。

剛升上二年級，就有家長開始為著暑假升三年級的重新編班焦慮，也為著要換級任老師而忐忑不安。召集人問我：可以繼續就這樣的成員一直到六年級畢業嗎？

以對這個班所付諸的心血，我是非常願意延續這份師生緣，但我終究謝絕了家長們的盛情，不只因為學校有學校的行政體制，更重要的是，我認為一個成長中的孩子，應該要學習適應不同老師的各種教學方法。

我對家長的說詞是：就像我為家中採買日用品，我都避開連續選用同一廠牌，免得毒素的累積。宋老師縱然有許多讓您們欣賞的優點，一定免不了有些孩子不能接受的特點，長期下來，這些孩子的內傷可以想見。

二年級下學期，我接到很好笑的會議邀請：教育部要為「小班教學精神」編制一本宣導小冊。我問邀請人：我的二年一班有三十九人，怎麼會是「小班」呢？邀請人回說：「我們聽到對您的推薦是，您用『小班精神』在教學。」這真是無上的榮耀，而這份榮耀，絕對是天下第一班全體家長共同營運出來的。

與這「天下第一班」的親師生互動，是一股「善的循環」，成就孩子的快樂學習，也成就家長的歡喜付出，更成就我重新看待恐龍家長正反的各個面向。

而後，因為移居蘭陽平原心意堅定，我請求學校安排我在力行國小的最後一年是科任或「後母」班。天下第一班重新編班、升上三年級後，我成了二年七班的級任老師。女兒就在我的隔壁六班。

拜當時的陋規：隨父（母）就讀的孩子，家長可以表達要將孩子安置在哪一個同事的班級。女兒的級任鄭老師，是外子的學妹，我一到力行報到，就認定女兒要讀她的班。

因為舉家遷往宜蘭的考量，學校安排我的新職務正好與鄭老師同學年。從鄭老師的經驗傳授中，我大概知道要怎麼經營二年七班。雖然家長資源不如天下第一班，但一年的相處，我並沒有感覺到在要接班前，所聽聞的這班家長意見很多、對老師很不客氣等負面訊息。且凡事都回到「家長是老師教育事業上的合夥人」，讓我和二年七班家長的相處很愉悅。在我要離開力行國小前，這兩個班的家長都給了我好溫暖的擁抱呢！

也許走過龍安那一小群「不認為需要尊師」的恐龍家長教學生涯，再也沒有什麼家長是難以應對的。不過，更重要的關鍵因素是：我對待家長的態度有很大的調整。面對家長的激烈想法，我曾提醒自己：有意見，不代表批評；是批評，也不見得就是反對；真要有反對的態勢，也要善巧的別成為敵對。

從龍安轉身到力行的這四年，藉由在景美溪畔的無數次轉念，帶給我日後「為人師」的福德恩典，好豐盛、好豐盛。

7

傲慢的柯林鮮師

才到柯林的第一學期，我已經被貼上「土虱」的標籤：好逗。外子為我解釋：早期台灣外銷日本的鰻魚，漁民都會在每箱鰻魚裡放一條土虱，藉著土虱的愛逗，活動鰻魚群，免得鰻魚太安逸，到了日本失重，漁民損失就大了。我不過是盡一個老師的本分，讓孩子有活潑化的學習、有多元性的評量，怎麼會被說成好逗呢？

我的「傲慢與偏見」，在宜蘭縣柯林國小任教的那三年，達到一生巔峰。

從轉任前的五月中，「先被」邀請到學校跟老師們週三進修分享的第一次接觸，就感受到這個學校老師們的「熱情不夠」，私自以為我可以來帶動起學校的一些改革，卻是踢到大鐵板。

先演講後甄選，其實是為我量身訂製的方便門。所以，我懷著滿心的感恩，想回饋李校長對我的「愛才」。我企盼著從台北帶來的「先進」經驗，可以為這個離羅東鎮很近，以致於年年流失學生的迷你小學校貢獻所長。

加上來自外子的光環，我更是肆無忌憚的我行我素——國立大學教授帶著妻女舉家「移民」偏鄉，在雪山隧道還沒通車的年代，固然是大新聞；又因著外子對宜蘭縣的特殊教育有更早幾年的關注與提升，我來到只有六個班級、全校學生不到八十人的小校，真是自以為是到目中無人。

李校長是高外子一屆的省立台北師專學長，對我客氣中，似有一份敬畏。他讓我選擇「教導主任」或「教務組長」？從來沒兼辦過行政工作的我，當然是選擇組長。有事，上頭還有個主任頂著，不是嗎？

這一年的柯林國小是創校以來最大調動的一年。六個年級的級任老師，有五位是新到任的：除了我以外，有兩位是幼教老師轉偏遠教師，一位是北市私立高職老師考上偏鄉教師，一位是偏鄉學校缺。校長說，斟酌新任教師的教學經歷，就屬我最有能力承辦教學事務。幾經商榷，校長才放我一馬，准我擔任教務組長，而委請外子的同屆女同學擔任我的上司：教導主任。

「頭銜」絲毫影響不了我想為這個公車到不了的鎮郊小校貢獻心智的熱情。在確認組織人事後，我立刻約了新主任談我的辦學構想。但從陳主任的回應，我大略呼吸到一股「不和諧」的組織氣氛。感覺：主任在教我「多一事，不如少一事」，要我做好本分就好，潑了我一盆冷水。

李校長的教育藍圖

回家跟外子轉述這一日的挫折，他卻要我放手去做。有了外子的鼓勵，我打鐵趁熱，越過校長和主任，一通一通電話直接邀請其他五位級任老師來校「相見歡」。

原留任的楊老師客氣地說：「你們想做什麼，我都配合。」兩位原幼教老師一直面帶笑容、積極回應我的「新點子」。中文系的氣質美女老師，自稱對小學教育很陌生，希望我多多指教她。唯一一位男老師，從頭到尾沒發一言，好像聽不太懂我在說些什麼。

我信心滿滿地回報給主任和校長，表示一切都搞定了。但我沒有從主任和校長的眼神中，接獲他們「感謝我搞定了」的謝意。

移民來宜蘭，幾度被曉以大義：宜蘭人的個性，就像在地美食「糕渣」般，外冷內熱。我學著不要期待能有立即的肯定回應，也不要被談話中的質疑眼神唬住，時時回到教師的專業原點，為自己打氣。

於是，曾經在士林雙溪國小那個迷你校園未圓的夢，好像在柯林國小看到契機，而且校長三番兩次跟我說著他心中的教育藍圖，我更有信心，認為就在這次的人事大換血中，可以好好為「李校長的願景」拚一場。

而五升六年級的原任老師，因住家交通因素，請調冬山鄉另一所迷你小校，校長說這一班的孩子亟需一位有經驗的資深老師來整頓，我就這樣與這十個六年級大孩子結上師生緣。

翻閱輔導記錄，聽原任老師的抱怨，也聽行政人員的描述，我並沒有被嚇到，反而有一股「孩子，我來救你們啦！」的信心。我透過電話，和每一位家長聯絡適合我到家訪問的時間。這樣的「家訪」，也聽到一些傳言：從台北新調來的老師，打擾了孩子的家庭隱私。讓我的熱情受到不小的打擊。

外子鼓勵我：回到要做這件事的初衷。比起在台北市力行國小近四十個家庭的訪談，這是輕鬆的呀。

頂著烈日，披著月光，我全然配合家長方便的時間，一個家庭一個家庭的去造訪。「純樸」是我對每一個家庭的共同看見，「尊師」更是走過台北市明星學校的怪獸家長身上所看不見的寶貝。十二個孩子中，一位是在寄養家庭、一位是原住民孩子、一位女孩家中沒有書桌，三位隔代教養、爸媽長期不在家中。有兩個孩子的家長在電話中已經表明要轉學到羅東鎮上的大學校，而婉拒了我的家庭訪問。轉學原因都是：鄉下學校沒有競爭力。

我心裡深深疼惜著這些留下來讀柯林國小的孩子的命運。也和外子討論著「競爭力」是什麼？外子以「幼吾幼，以及人之幼」的胸襟，要我盡全力照顧這群家庭背景已然輸在起跑點的柯林子弟。

好逗的土虱

「排課風波」是我經歷的第一個鐵板。

關於我主張的「這樣的迷你小校，應該採跨年級的專長排課，讓孩子可以接受更多不同老師的授課引導，而且，部分時間還要打破年級的混齡教學。」陳主任說我可以先依自己的理念排課；學校長也說我可以放膽執行我的教務組長職責。

我思索著該如何給留在學區內就讀的這七十八位孩子「至少不要輸掉太多競爭力」的排課方式，更憧憬著開學後所看見的一幅「各個孩子都快樂來上學」的圖像。

但當和校長報告我的排課初稿時，校長要我動作不要太快，不然一改再改，一件事做好幾遍，會很洩氣。我不明白校長要我緩一緩的真正原因。九月就是下一學年的開學，八月初排擬課表，為什麼會太早？

後來才被教導：「包班制」，只要管好自己少少的學生，不必介入別人的班級經營；「跨學年任教」，得多準備教材、認識不同的學生，已經夠費神了，還要混齡教學？

對習慣「照表操課」的柯林資深老師而言，我的出現是很大的衝擊。「隔週休的週六活動」就是一例。

我喜歡把七十八位孩子集合在一起帶各類團康活動，讓整個柯林國小有「家」的感覺；還設計週四下午的三到六年級社團時間，採打破年級「自由選擇社團」的混齡教學，讓學生們各取所需，也讓老師們可以發揮專長，我還邀請校長來籃球社示範教學。

孩子們都很期待週四的下午時光，對老師的教學常規約束，卻是一大挑戰。

週五，只有五六年級有課，我自作主張的「要」五六年級孩子合班上課，我和五年級的男老師輪流設計教學內容。對我是駕輕就熟的活動設計，卻是苦了第一年擔任教職的男老師。

我體會不到高年級合班上課的課程設計有什麼難？還好，女兒的三年級級任戴老師是由幼教老師轉任，很有「主題網（或曰『方案』）」教學的概念，很能了解我口中的教學「戲碼」；一年級級任「芭樂」老師也是幼教轉任的活潑型老師，我們三人互稱是「柯林的老中青」。

這樣的老中青結合，經常觸犯了行政倫理，才到柯林的第一學期，我已經被貼上「土虱」的標籤：好逗。外子為我解釋：早期台灣外銷日本的鰻魚，漁民都會在每箱鰻魚裡放一條土虱，藉著土虱的愛逗，活動鰻魚群，免得鰻魚太安逸，到了日本失重，漁民損失就大了。

我不過是盡一個老師的本分，讓孩子有活潑化的學習、有多元性的評量，怎麼會被說成好逗呢？難道真的是偏鄉學校的井底之蛙？難怪家長會將孩子轉到鎮上就讀，留在柯林，果然會害孩子減損競爭力？

城鄉校際交流

十月中，與台北市博愛國小的兩校交流，為柯林村落帶來前所未有的新鮮。這場「城鄉交流」的緣起，是自七月我們舉家從台北新店「移民」到宜蘭三星鄉後，接著是一批批的訪客來拜訪我們。龍安國小的學弟同事柯主任，趁暑假帶了女兒兩姊妹來我家，在引導他們一家到柯林國小採摘李校長的手栽蔬菜時，柯主任羨慕地說：「這環境太棒了。我們來舉辦『城鄉交流』吧？」

我當場「哼」了一聲，問：「誰是城？誰是鄉？」害得柯主任連聲抱歉。

我是多麼驕傲轉任到這樣優美的迷你小學呀。在我積極的聯絡下，真的促成宜蘭縣第一所開展城鄉交流的偏鄉學校。李校長雖也風光，卻有更多的擔憂；學校老同事雖也同歡，但確實為他們增添額外的行政工作。而我從頭到尾都認為：教育，就該如此。我包辦了所有大大小小的細節：和家長聯繫兩天的接送車輛、安排博愛童軍團二十四名幼童軍住宿各個家庭、計畫如何接待台北孩子、構思可以帶給城裡孩子什麼特別的鄉下純樸回憶。於是，柯林學生自製歡迎海報、熱情的唱歡迎歌；藉幼童軍的「尋寶遊戲」，讓博愛的孩子踏遍柯林校園的每一個角落；李校長親自介紹柯林國小命名的樹種「柯樹」，還帶兩校孩子在圍牆邊分組栽種柯樹幼苗；柯林的各個接待家庭更是使出渾身解數，讓城市孩子充分的體驗了鄉村之美……

十二月，輪我們當小客人北上拜訪博愛國小的小主人。柯林孩子早早想好要採收爸爸媽媽爺爺奶奶親手種的絕對是有機的各類蔬菜，如：青蔥、蘿蔔、地瓜葉等，準備提上台北當最有鄉村氣息的伴手禮。

在雪山隧道還沒通車的那個年代，北迴鐵路相較於北宜公路是安全了些，我先在教室教導要怎麼買火車票，然後邀請寄養家庭的媽媽開休旅車，來協助我載十個六年級的孩子到羅東車站買自己的來回火車票。

為了買這張火車票，柯林的孩子演練又演練要怎麼對售票員開口。是很紮實的「聽、說」能力的培養。我前一天先去拜訪羅東站站長，說明我的教學設計：訓練鄉下孩子說的能力；也懇請站長轉達售票員能對我們柯林國小的孩子多一份耐性。

幾天後，有人在當時的社交平台提到「帶學生買車票」這件事，我被批評是在作秀。我當然會難過。但外子認為每個人看事情的角度不一樣，如果我們太在意別人的論調，就啥事都甭想做了。

我可以接受外子的勸導，但對行事低調的李校長來說：柯林國小被批評，是何等的不能消化。再加上要帶學生離開宜蘭縣，他更是憂心忡忡。間接聽到校長夫人對她夫婿承受了來自宋老師「不按牌理出牌教學」的領導壓力的心疼，還聽說我鼓勵李校長「要多笑」，帶給每日要上班前的校長極沉重的負擔，只因為我的一句話：沒有快樂的校長，哪來快樂的老師；沒有快樂的老師，哪來快樂的學生？

傲慢如我，當時只是疑惑宜蘭縣校長的用人膽識都似這般？

十一月中，對外子和我在工作與婚姻上影響很大的人民團體「中華民國激勵協進會」的老朋友「魏講師」，受邀到宜蘭家庭教育中心主講「繪本教學」。六小時的授課時間，魏講師分給我九十分鐘。我在欲罷不能的將近兩小時的笑聲中，讓現場來自各校的閱讀教學菁英老師們，如獲至寶般地認為「宜蘭教育有希望了」。

百來分鐘裡，不只一人提到對即將在隔年實施的「九年一貫課程精神」的教育改革價值感到莫衷一是，也批評縣內教育局邀請來自花蓮縣老師的分享，認為根本是隔靴搔癢。我當場提議：「不然，我們自己來辦我們宜蘭縣的教改研習？」台下滿滿都是「我願意當一個走在教改潮流的稱職老師」的眼睛。

「宜蘭老師的熱情，並不輸台北老師。」是我回家跟外子提到的第一個欣賞之處。這樣的台上風光，讓我更以為自己是上帝派來救贖宜蘭教育的救世主。

於是，我對李校長的每一個提醒，都當是膽小的顧慮；對舊同事的每一個質疑，都當是怕事的拒絕。我真以為只有「柯林的老中青」三人，才值得被叫一聲

「老師」。我開始憂慮這樣的校園文化，要如何讓留在學區內的這七十八位孩子能有競爭力？

帶十個六年級孩子到台北市博愛國小作客，看著十個平日在校園作威作福的這群柯林老大，融在博愛大校園中的五個班級裡，羞澀得默不吭聲，我有一點點懷疑把女兒轉到宜蘭縣迷你小校的決定，是對的嗎？

外子說：好的種子是經得起考驗的。

對李校長下班後，從羅東趕搭火車來台北和博愛的校長吃晚餐，然後再連夜趕回羅東的交流誠意，外子是很稱許的；我卻認為李校長不能授權，會把自己的辦學空間壓縮掉；倒是博愛校長很能體會李校長為了柯林子弟而寢食難安的主管心情。

一場城鄉的校際交流，好像耗損李校長很多能量。我總是一副「免驚啦」的態度去面對李校長的詢問，又豈知我隨時的「出其不意」，真的害他坐立難安。

芭樂老師說起她的諸多閨密對我在繪本教學研習上的邀約「自己付費精進」很有興趣，激發我一股解救蒼生的大願。我親上台北向恩師「陳怡安教授」報告在宜蘭接收到的需求，懇求恩師親自出馬。不只恩師點頭，中華民國激勵協進會的師兄師姐都應允來滋養後山的人文教育精神。

外子認為茲事體大，建議我一定要跟李校長好好報備。李校長樂觀其成的答應外借多功能教室當研習會場，也同意讓廚工納取協進會所支付的微薄加班費為研習老師們供應午晚餐。不過，李校長並不看好會有多少人報名。畢竟對一向是免費參加研習，而且還有便當吃的老師們，這樣的自費研習，史無前例。

開放報名一週後，李校長獲知報名人數接近六十位時，很訝異；而且可預期報名人數還會增加，李校長開始掛心柯林校園會給外人留下什麼印象？

所以，我又帶給他「緊張」了。再聽說陳怡安大師要親自來授課三天兩夜，簡直慌到只好求教是他學弟的外子。只是，所有研習藍圖都在我腦海裡，外子也只能勸請李校長放心。

以李校長凡事追求完美的個性，哪放心得了呀？但傲慢之心，引不起我絲毫為人著想的念頭，乾脆撂下一句：「我完全沒拿你一毛錢的經費，你只要當個單純的研習員，輕鬆來上課就好了。」

外子對我這樣的態度期期以為不可；但，我可真是覺得煩死了。只覺得：為什麼校長不相信我的能力呢？

我在柯林的第一個學期結束前的校務會議報告完，忽然悲從中來，上演「淚灑校務會議」的劇情，就是覺得「夏蟲不可語冰」的滿懷無奈，從校長、到主任、到好幾位舊柯林，怎麼都聽不懂我的教育哲理啊？

放寒假的第一天，就是人數爆滿的研習活動：宜蘭縣首例教師利用寒假、自費參加有別於公部門辦理的研習課程，研習時間還是扎扎實實的三天兩夜。沒有政令宣導、沒有長官致詞、沒有被迫參加的不情願；有來自企業界觀點的班級經營理念、有直指人心的回歸教育初衷。更有我極盡諷刺能耐的教學心得分享：宜蘭的落後政策、校長的不敢授權、同仁的觀望心態……還好我「宋老師」來了。

可能參加研習的老師真的被宜蘭縣教育局悶壞了。我在研習三天中的開場和結語，激勵起老師們不能再自認影響力小而不敢有所改變；我在三個鐘頭的「我做了什麼改變」教學實務分享，更點燃起老師們「有為者亦若是」的教學熱情。過程中，我只是禮貌上的介紹李校長，而把所有的成果，都巧妙的歸因為「有宋老師」。

我享受了前所未有的大量掌聲，雖然有一位來自中部的女主任在研習心得上提醒：「如果沒有校長的放手，您可能做不來這些事兒，也可能不會有這麼成功的研習。」並沒讓我對自己的傲慢有絲毫的自覺。

這位遠從台中對教師自發性研習慕名而來的女主任，是外子北師專的學弟夫人，對她很客氣的用了兩個「可能」的推理，我根本認為是官官相護：行政永遠不懂老師的需求，就像白天不懂夜的黑一般。

火車學習之旅

三天的研習疲累後，我頭上增加厚厚的一道光環：「救世主」徹底上身。我又興起一個創新的教學計劃：帶十個六年級孩子坐火車環島。於是一件名為「火車環島學習之旅」的超大單元教學主題呼之欲出。

寒假中，接到一位原住民孩子的轉學通知，因為家長要回松羅部落就業，不得不把這個口語表達能力很強的孩子轉回部落學校，於是我剩下「九條好漢」的六年級學生。

外子一直很嚮往「夏山學校」的學生自主學習，也一直對「課程是發展出來的」教育哲思有很強的信念，所以，對於我在「九條好漢」的自編、選編課程，給了我極強大的支持力量。

九條好漢的六下，也就是他們小學階段的最後一學期，我充分發揮課程統整的能力，以「火車學習之旅」為主題，以「感恩的畢業典禮」為能力培養的指標，一個活動接著一個活動的翻轉了柯林校園生態，多數老師、主任以看戲的心情陪著我走在各項課程發展的高潮起伏，李校長則是吃足了苦頭：永遠不知道我下一步會搞出什麼名堂。

一次偶然的機會，我勇敢的把「火車學習之旅」的方案計畫，親自面交教育局莊局長，隔天接到教育局電話，鼓勵我應該好好發展出這一個不只對宜蘭、可能也是全台灣空前的「走踏台灣」教學計劃。而且正好搭上馬上要實施的「九年一貫課程精神」的教改政策。莊局長的興奮，可想而知。

雖然有了教育局長強而有力的支持，對李校長的「放寬心」並沒有太多的幫助。我真不懂為什麼校長要有那麼多的擔心？外子要我多一份的「換位思考」，我只是認為：如果當校長會這麼放不下，不如把機會讓給敢衝衝衝的同仁。

至於九條好漢的家長，我在下學期一開學的班親會上，邀請了校長、主任和科任老師一起商討整個學期的統整課程「可以」怎麼進行。

我口沫橫飛的介紹這個主題教學，將可以培養孩子「哪些」帶得走的能力？從一開始的路線擬定、經費的自籌辦法、跟課本內容的學習關連、規劃火車時刻和當地客運的銜接時間、自行保管火車環島票券小冊的技巧、自己打電話聯絡寄宿家庭或學校、五天四夜團體生活中的相互照應、到畢業典禮上的成果發表。對鄉下的家長來說，簡直猶如天方夜譚。一位隔代教養的阿嬤說她已經快六十歲了，還沒踏出宜蘭縣境呢！聽起來像是羨慕孫女的運氣，卻又有幾分的擔心安全問題。我立刻推薦外子將會調整他在師大特教系的授課而全程陪著九條好漢，也徵求志工家長準備部分行程來同行。從紐西蘭回流定居羅東的女孩媽媽最先表示他們夫妻對這個方案的支持，說她會為所有接待者準備綿羊油當伴手禮；

接著是一位寄養家庭爸媽對其他家長的鼓舞，說他們會在第三天到高雄和隊伍合體；轉學自羅東鎮最多學生那所學校的女孩媽媽勸家長要懂得放手；沒發言的家長，焦慮線條已經明顯少了很多。

最後，我邀請李校長對這個方案說說自己的想法。很感謝校長沒有拆我的台，只是再三提醒家長：如果還有什麼顧慮，隨時都可以提出來喔！如今，再回想起多年前稱得上是「重頭戲」的火車環島學習之旅，真是一個全方位的主題網課程，也是「九條好漢」心連心的一次大挑戰。

這五天四夜，創造了環環相扣的問題解決方案，包含：經費預估、行程規劃、食宿接洽、分工協調、合作學習和團隊共識等。從孩子們寫的日記〈我們這樣努力過〉的難度指數和樂趣指數，及孩子們準備過程中〈最糗的〉〈最辛苦的〉〈貢獻最多〉的三種心情記實，已詳載了「火車環島學習之旅」的對話發展歷程。我確定這九條好漢已經準備妥「帶得走的能力」。

尤其五天四夜行程中的點點滴滴，有最高興的、最興奮的、最刺激的、最緊張的、最害怕的、最難過的、最噁心的、最悽慘的……更是一部劃時代的教育改革經典史。不只對家長的「放手」考驗，是空前的；對李校長的「放心」挑戰，更是絕無僅有的。（活動詳細內容，請見《啟動孩子思考的引擎》一書）。

我相信那五天四夜的林林總總，會在九條好漢的回憶錄上烙下清晰的畫面，也會在日後的同學會上再度成為話題。就像當時的柯林同事說的：「怎麼一趟火車學習之旅回來，九個學生的臉好像都變大人樣兒了。」

啟動對話——答案不是只有一個

六下，真是很熱鬧的一個學期。

其實早在上學期，我的許多對話課程，似乎已經為這個「火車學習之旅」預作準備了。

曾經讓我好擔憂的教學無力感，是九條好漢「回應問題」的能力。有時「答非所問」，有時「啞口無言」，更多時候，在猜「老師要的是什麼答案」。從好漢們的眼神，我看不到他們的「真我」。感覺上有那麼多的不安與猜測，好像很怕答錯了會被笑，會被罵。我費了好大的勁兒，才讓好漢們相信「**很多事情的答案不是只有一個**」；我也花了好長的時間，才讓好漢們明瞭「**意見沒有對錯，忠於自己的感覺、勇敢的表達出來就是最好的意見**」。

沒想到，才教一個月吧，他們就已經把「對話精神」發揮得淋漓盡致。我想，孩子們真的懂我的心：「吾愛吾師，吾更愛真理」。

回想開學不久，我就發現存在十個孩子間的個別差異，大得讓我不能用統一標準來帶領他們學習，讓我更驚訝的是，十個人所展現的多元智慧，多麼需要一一為他們設計「個別化學習方案」，才能為每一個人找到適當的舞台。

所以，「公平」成為當時的第一次對話主題。在有層次的問題帶領下，孩子們很快談出一個共識：**不是起跑點、終點一樣，就是「公平的比賽」**。從此，他們欣然面對我給每一個人不同份量的功課、不同標準的要求，不曾再聽過孩子們有任何的計較。

本來嘛！每一個人的飯量不等，統一規定大家每餐都得吃兩碗，對量小或量大的人真是不公平，更何況天賦資質差異更大，怎麼可能每一個人、每一科目的進度、內容都一樣？

於是，我樂見了孩子們在了解自己的「優勢智慧」後，拚命要展現自己最擅長的潛能。每回數學過關，總看得到他們和自己競賽的歡呼場面，「不管別人的表現如何，今天的我要比昨天更進步；不在分數的增加，而在求學態度的精進。」最特別的是那份「自信心」和「止於至善」的企圖心，推著每一個人「輸人不輸陣」。

終於打破分數的藩籬。

那一年的考試卷上，不再有分數，只有能力指標。

接著，我們對《返家十萬里》這部電影也有一場深度對話：「劇中角色的詮釋」「故事發生的背景探討」「經濟發展與環境保護兩難取捨」「艾咪勇於任事帶給大家的啟示」，每一道提問，偏鄉孩子也能談得頭頭是道，不只是對劇情回應，還能回扣到自己生活的經驗，讓我很佩服他們的表達與內省的能力。

「注意力缺失症」是當時另一個愉快的對話焦點。十個學生中，有一個男生真是惹人厭，但我了解他有他生理上的發展障礙，可是要求才十一、二歲的小學生接納他的各種狀況，我也知道多麼為難孩子們。

九月底的一天，我因感冒，遲了半小時才到教室，聽說李校長已先去關心學生們的安全，並告訴大家：「宋老師會晚一點來。」

我決定就用「感冒」起頭，帶人家進入「注意力缺失症」的話題：「聽到宋老師感冒，你馬上想到什麼？」「你會不會嘲笑宋老師感冒？」「對感冒的宋老師，你可以做些什麼讓她舒服些？」

孩子們說：「有啥好笑的，每個人都會感冒呀！」「幫老師倒水，提醒老師多休息，告訴同學別去惹老師生氣，讓老師早日恢復元氣啊！」

我接著問：「得了什麼病會怕人家知道？」「有什麼病是一輩子也好不了的？」「如果得了這樣的病，身旁的人能做什麼？」

孩子畢竟還小，除了「痲瘋病」「愛滋病」「花柳病」等病名，十個孩子談不出更深一層的人生體驗。

我在黑板上寫了六個字「注意力缺失症」，然後用四個層次的問題帶會談：

「看到這幾個字，你想到什麼？」

「你有沒有這樣的困擾？」

「做哪些事情特別感到注意力缺失？」

「你會希望身邊的人如何協助你？」

「我們班上同學有沒有人需要類似的幫忙？」

「你願意協助這位同學嗎？」

「會談」進行到最高潮時，我從醫學的觀點：腦的結構，為同學說明「注意力缺失症」的成因。很高興在日後的同儕關係裡，他們對同學的「分心」，可以用比較理解的態度原諒，也會以「愛」為出發點，提醒同學停止干擾團體，甚至還會語氣溫和、態度堅定的要那位同學承擔起「分心」所要付的代價。

好欣賞小小年紀孩子們的包容哦！

六下，為了火車學習之旅，我讓九條好漢觀賞一部真實故事改編的影片《巨浪》。看完後，我們把椅子搬到走廊轉角，在微風拂動中，師生談得好盡興——

「你還記得哪些角色？」

「你對哪一個人的哪一件事印象最深刻？」

「你記得哪一段對話？」

「哪一個情節讓你哈哈大笑？」

「哪一個情節讓你捏把冷汗？」

「哪一個畫面讓你感同身受？」

「比較火車學習之旅與航海自主學苑的相同和相異點？」

「火車學習之旅中，對自己有哪些擔心，有哪些期許？」

這一場《巨浪》的電影會談，果真在五天四夜的火車學習之旅，建立起大家的共同願景：彼此打氣、互相期許要像查克一樣扮演「膠水」的角色，讓團體凝聚在一起；也互相激勵要學船長遇事臨危不亂的冷靜；更要互相提醒，千萬不要有人像法蘭克因「三次犯滿」而提早結束火車學習之旅，被家長領回自行教育。

然後，好漢們才能心甘情願的簽下火車學習之旅〈親、師、生共同契約書〉，同心齊力面對隨時可能降臨的「無常」。

學會「帶得走」的能力

在柯林的第一年，為九條好漢所規劃的許多「帶得走的能力」自編課程，雖然無法幫助大家在日後考試卷上拿到高分數，但肯定可以讓大家成為「解決生活問題的高手」。儘管這些創意教學為李校長帶來莫大的心臟負荷，終於也像「輕舟已過萬重山」的走到畢業典禮了。

「創造以學生為主的畢業典禮」是九條好漢畢業前的最後一個主題網學習活動，一樣為李校長帶來額頭的三條線。

放棄「寄發」邀請函的例行作法，改由九個孩子親自面呈自製的畢業典禮邀請函。九條好漢先抽籤決定邀請地點先後順序、再協商冬山鄉校長、鄉公所長官的邀請分配工作。討論到縣政府長官時，好漢們一個個避開劉縣長，深怕耽誤了這麼重要的工程，最後還是由「是愛」這位向來不怕問題的傻大姊承擔了下來。當天的回家功課就是一一打電話和受邀來賓約定我們全班要親自送邀請卡的時間。

給李校長添了最大麻煩的一件烏龍事，是害李校長接到溪南陳督學的電話。

宜蘭縣中小學以蘭陽溪為界，素以溪南、溪北劃分督學的督導區。負責邀請溪北督學的孩子，在電話中沒表明自己負責邀請溪北督學，只說要邀請督學來參加柯林國小的畢業典禮，偏偏該打電話給溪南督學的孩子當天家裡有事外出，打算隔天再打電話給溪南督學。於是接到邀請電話的溪南督學很納悶：為何屬於溪南的柯林國小沒邀請他、反而邀請溪北的督學？

李校長接到溪南督學詢問電話的糾結心情，可想而知。於是，我又帶給校長擔心：老師駕車載學生去送邀請卡片，會不會遭到別人不以為然的質疑？

我只是淡淡的請校長寬心，因為這些問題的發生，正好給了我們對話最佳的素材，也是主題網教學設計中最寶貴的實戰經驗課題教材。

事實證明：孩子們從中學到了可遇不可求的「帶得走的能力」：他們慎重演練邀請的台詞、用心設計別出心裁的環保卡片、多在意認領的那一個受邀請人願不願意親臨咱們典禮現場。

事實還證明：宜蘭的教育生態允許我們勇敢跨出去。瞧：冬山鄉各國中小的校長多熱情的接待九條好漢；教育局文主督、朱課長多耐心的聽好漢們的強力邀請；縣議員和村長多肯定孩子們親日送卡片的誠意。

李校長回饋我的是：不過，如果多幾個學校這麼做，他們大概都別想辦公了。

我不但又大張旗鼓地為九條好漢設計了「畢業生才是典禮主角」的創新流程，更狠狠把校長的行政生涯拋一邊，除了縣長夫人，沒有讓民意代表上台致詞，為所欲為地創造了讓鄉下人眼睛為之一亮的畢業典禮，當然也創造了「成功在宋老師」的虛榮場面。

什麼是孩子的競爭力？

在柯林國小的第一年教學，我時時刻刻委屈於從台北帶過來的「嫁妝」無處擺，而聽從外子的建議：換個教學園地吧！

一放暑假，我就很不情願的參加了同樣是六班小校的大洲國小教師甄選，「落榜」對我來說，除了短暫的面子掛不住外，並沒有帶給我很大的失落。外子說：合該妳得在柯林好好發揮妳「自編教材」的專長。

九年一貫課程精神，最強調、也最期待的就是老師能展現「自編」「選編」教材的專業知能。累積了「四一〇教學評量改進實驗」的教改歷程所得、「小班教學精神」的課程統整經驗，加上女兒就讀台灣師大附屬幼稚園的「主題網快樂學習」所見所聞，來到柯林國小後的「九條好漢」在地課程發展，要為「九年一貫課程精神」自編一套適才適所的一年級課程教材，我是信心滿滿的。

當柯林校園傳出：九十學年度的一年級，不買教科書，完全由老師自編教材。李校長好心急。他急的不是老師有沒有自編教材的能力，他急的是宜蘭縣沒有老師這樣做，他更急的是：萬一書商來質疑為何沒為孩子買教科書，怎麼辦？

外子勸我：不要為難校長，反正是家長花錢，等安了校長的心後，妳依然擁有教材的專業選擇權。記取和李校長有過因「九條好漢」的多次衝突經驗後，我願意接受外子的意見，就是累了自己還得「增刪課本內容」、還得顧及鄉下家長可能會一直問「怎麼這一課沒教？」「怎麼沒照著課本的順序教？」

終於明白：「善巧的和諧」是我繼續留在柯林校園必修的重要功課。

我回鍋柯林，但原先的直屬長官「教導主任」調校成功，於是，要甄選新老師。來了一位年輕男老師接任教導主任。我本以為只要把我的一年級這一班的級務處理好，跟新主任不需要有太多的交流。可是事實好像不是這麼簡單。

我為九年一貫第一棒的「十八羅漢」自編的教材，向教導主任和校長報告。但新主任和校長是比較傳統、比較保守的教育思維，好像拿捏不到九年一貫課程精神所授予老師的專業發展空間，對我想「以能力培養」為導向的自編教材，兩位主管有許多的焦慮。那些焦慮，我聽起來都是對我專業能力的不放心。

外子再一次勸我：不要為難行政，反正是家長花錢，就先安校長和主任的心吧，開學後，妳依然擁有教材的專業選編權呀！

於是，在填購書單的最後關頭，我屈服了：就買教科書和習作吧！

但，我沒有放棄「以學生為中心」的課程發展企圖心。也在開學前的一家一家的家訪中，試著灌輸家長「有競爭力」的教材設計是怎樣的藍圖。

臨開學了。我被通知要接受兩位「未足齡」的跨學區就讀孩子。也是賭氣吧？我只接受一位。這屆一年級新生後來又加入男女各一位的縣內轉學生，在宜蘭縣習慣被稱為「十八羅漢」，而且關於我的創新教學，經常與「九條好漢」一起被拿來相提並論。也是一種虛榮。

不過，帶著不被長官信任的心情開啟新生的教學活動，負擔很重；又一心「想向校長和主任證明我的能耐」給自己帶來心理的壓力，讓我每天誠惶誠恐的到校上班。只好藉每週和家長分享我的〈教學手記〉，除了隨時交代我的理念，當然也是要對校長和主任有所報告：「請放心吧！」

以孩子的需求為中心

我常以「彈性」兩個字來回應幾位家長對「以孩子需求為中心」所提出的疑慮。校長轉述有家長質疑「以孩子需求為中心」，孩子懂他的需求是什麼嗎？會不會失落掉「聽、說、讀、寫、算」基本能力的培養？校長甚至擔心我：是以孩子的需求為中心，還是以大人的需求為中心？

「先處理心情，再處理事情」是我「以孩子需求為中心」的最高指導原則，所以，我強調彈性一點的課程、彈性一點的進度、彈性一點的上下課時間，讓孩子成為學習活動的主角，讓孩子學得快樂一點，學得自在一點。

十八羅漢開學之初，我習慣在下班前就把隔天教學活動的架構擬出來，尤其第一週還得天天寫一份參考的「作業指導聯絡單」給家長，但是常常會面臨突發狀況，我就得適時修改調整一番，所以老師選擇「以孩子的需求為中心」的壓力可以想見。好比有人受傷了，得先講解安全遊戲規則；有人爭吵甚至打架了，得暫時丟開預定進度，改來一段對話教學，透過問題引導孩子談談不以暴力解決問題，是否還有其他辦法，甚至還要重回現場角色扮演一番；如果再有相關的社會事件（如美國雙子星大樓遭恐怖分子襲擊）；或遇到學校例行性行事要配合（如身高體重測量、視力檢查等），就更需要「彈性」一點了。

二年級的楊老師以她多年的教學經驗，很快就瞧出我們一年級這一班有幾個孩子不容易管教，在十月初很好奇的問我：「妳好像還沒開始凶妳們一年級哦？」

是啊！到目前為止，我還沒凶過這一批一年級新生，不過面對孩子的脫序行為，我一個月來，其實忍耐得很痛苦，好幾次就要破口大罵了。但想到他們不過才從幼稚園升上來，想到他們也還不知道怎麼控制自己的力道，想到有些孩子的言行根本就是大人教養模式的翻版，我終究吞下即將爆發的情緒。儘管有幾次孩子的行徑粗暴了些，但把他叫到跟前，陪他說出事情的嚴重性後，看到他後悔的神情、甚至痛哭的眼淚，「凶不凶」已經沒啥意義了。

但是，如果我在意「教學進度」更甚於孩子的「情緒發展」，如果我在意「既定架構」更甚於孩子當下的「興趣反應」，或者我把大人的需求強加在孩子的學習欲望上，甚至以「安靜」「閉嘴」來忽視孩子的各種需求，我想孩子不會愛上學，家長也不會喜歡孩子生活在那樣的學習環境，恐怕我自己會更不想踏足校園。

所以「以孩子需求為中心」，就要接受孩子的感覺，多聽聽孩子的感受，不只用耳朵聽，更要用心聽啊！最重要的，大人要拋棄傳統講究「分數、文憑」的功利心態，當然更不要期待看到立即的學習成果，而是尊重每一個孩子有他自己的成長速度。

十八羅漢入學以來，我經常教導孩子認識「一年級學生」應該有的禮節規範，也教導孩子，如果不想被人家當成幼稚園的小娃娃，就要學著修正自己的行為和態度。緊接著引導孩子心甘情願的原諒同學無心的舉動，甚至提升到讓孩子了解：某些行為是因為那個同學的成熟度還沒發展出來所造成的，因為「我是一年級」，所以我要心平氣和的接受同學的不成熟，好好的勸解他，才能幫助他趕快長大，如果「以牙還牙」或「以暴制暴」，只會加深彼此的仇恨。

我還慎重的邀請十八羅漢的家長，關於這樣的教學對話，是非常需要家長協助的。建議家長：每天問問孩子，今天有哪一位同學受了誰的幫忙而有了什麼改變？也請孩子說一說，自己有沒有做什麼對同學有幫助的事情？或看到誰原諒了誰，和孩子一起猜一猜那個願意原諒同學的人，會感到快樂嗎？

我當然知道這不是一項容易的課題，尤其對小學一年級的孩子來說，似乎更加困難。但想到如果讓孩子從小就在「互相欣賞」「互相肯定」，並且「互相鼓勵」中長大，暴戾之氣必然降低，我們的社會也會多一些善的種子。

所以，我盼望全體家長一起來為孩子營造一個「感恩、惜福」的學習環境。我衷心祈請家長不要在孩子的學業分數上做比較，也不要跟我計較我對待不同孩子的多元標準，因為我在意的是：每一個孩子的每天，是不是都有他各自不同的進步內容。如果以多元智能的角度看待孩子，真的可以還給孩子「天生我才必有用」的一片天空。孩子能不能成才（材），就看學校和家庭願不願意給孩子機會。

多麼感激十八羅漢家長對我的教學理念的支持。很開心李校長在看完家長們寫的兩份家長作業「閱讀心得」及「對自編教材的看法」後，頻頻向我恭喜，校長認為柯林國小擁有一群跟得上教育改革時代腳步的學生家長。我回應校長：一年忠班的小朋友好福氣，生在一個「關心孩子教育」的家庭裡。

「以孩子需求為中心」的教材設計，就是要以「與生活有關的內容」為主題。新生才開學一週，就遇到星期一因颱風來襲而停課，我當下立刻設計了「颱風」的相關教學活動，包含：認識「颱風」「淹水」「下大雨」「土石流」的注音符號，也要藉由「對話教學」引導孩子談談「如何和大自然和諧共存」。

猶如開學前的第一次班親會上，我跟家長強調我將培養孩子的四種能力：「忍受挫折的能力」「解決問題的能力」「珍愛大自然的能力」「不斷自我學習的能力」，藉著談「納莉颱風」，就可以談出好多好多的能力培養的方法，至於能不能落實在日常生活的實踐中，我鼓勵家長們要同步踐行。

真誠的接納

「十八羅漢」上小學三個月後，我在校長與家長們的協助下，公假應邀前往台北，協助某高科技產業公司舉辦「一級主管演講法」的訓練研討。

我是被邀請去擔任課程的小組老師，但科技業的文化生態，卻時時刺激著我想要帶給十八羅漢的能力培養與連結到柯林國小的組織經營。

儘管是高科技人才，儘管說「企業不賺錢就是不道德」，但是這兩天的演講法訓練，我實在地感受到這家高科技公司從「人文關懷」的角度，一步一腳印地在踐行「企業不可悖離道德」的終極關懷。儘管也會聽到員工彼此間為不同立場爭辯的衝突事情，但也可以看到衝突過後，各自又會回到「初衷都是為著公司好」

的接納場景。尤其總經理在聽了部屬報告如何籌備「人文的尾牙慶典」時，完全認同部屬努力的那副驚喜神情，讓我好羨慕在這家公司「被充分授權、被全然尊重」的工作氣氛，難怪在股市一片下滑聲中，這家公司業績仍然扶搖直上。

於是，我在當週的〈教學手記〉上跟家長分享了我的研習心得，並把學習重點放在孩子表達能力的培養：

陳怡安老師的演講法培訓課程最強調：「演講必須要先能感動自己，才能感動聽眾」。陳老師特別提出「成功演講的八大要項」，來回應這群「科技人」所提出的演說時最怕面臨的各種疑難雜症。一、要有熱忱的分享心；二、要相信自己的經驗，因為經驗是最好的權威；三、不論何種主題，都要扣回到生命的體驗，也就是與自己內在世界的對話；四、善用身體語言，勇於接受自己的身材與長相；五、每一次的演說都要在聽眾腦海中撒播下新的形象；六、創造聽眾能接受的幽默；七、尊重聽眾，所以服裝的搭配、時間的掌握，都要把它當一回事；八、演說內容要井然有序，最好舉吸引人的實際例子當做整場演說的起承轉合。

我真佩服陳老師對「感人的演說」所下的註解，與九年一貫課程中「語文領域」的聽、說基本能力的培養竟然不謀而合，難怪當時的教育部曾部長一再呼籲：教育人員要走出狹隘的教育界視野，向企業界多學習。想想咱們一年級這批孩子未來要面臨的就是「自我推銷」的多元入學環境，如果在面談時不能來一段能夠感動人的演說，縱有再高的學歷文憑，恐怕也要在總分上輸那麼一點點吧！所以，我鍥而不捨的鼓勵家長們多讓孩子有表達的機會，多讓孩子能有嘗試新經驗的空間，因為經驗才真是最好的權威。

我曾經因為承受「異」見的干擾，而想放棄「以孩子為中心」，想要回到最傳統的「老師怎麼說，學生就怎麼做」，以免多做多錯。

但是真的「不做不錯」嗎？

想到十八羅漢多數孩子已經能掌握新教育的學習脈動，多數家長已經跟上新時代的教育觀，我好像已經沒有走回頭路的念頭了。少數家長的誤解所帶給我的壓力，我只有小心謹慎的避免反應在個別孩子身上，因為我擔心有一天孩子內心會吶喊「你真的不要我了嗎？」「你不再給我機會了嗎？」

「你真的不要我了嗎？」好隔絕、聽了也好心酸的一句話，是我這次在高科技公司「演講法」培訓課程時，參加學員最深刻回應的意識流。

「演講法研討會」上，陳老師拋出的第一個問題是：「影響自己最大的一句話是什麼？」前三位發言的科技人都提到他們的小學老師，身為小學老師的我，聽得毛骨悚然，頻頻提醒著自己：要謹言慎行呀！

負責人事規劃的一位主管，匯聚了這兩天大夥兒共同的意識焦點：「你真的不要我了嗎？」那是婚前他向女友表白兩人不適合繼續交往時，女友很哀怨地追問他的一句話，他說他為那句話內疚了兩年。

會場嘩然一片，大家比較有興趣的是八卦的那一面，但在那一剎那，好似有什麼東西敲扣著我心最深處，鼻頭也跟著一酸。

那陣子，柯林國小來了三姐弟的轉學生，關於他們的身世有好多種版本，我一點兒也不想去探究真相如何，對我來說，就是一個「緣」字，因為老師是沒有權利挑學生的，轉學生的行為問題正是歷練老師專業能力的好時機，更何況這姐弟三人這時候最需要的是比一般孩子更多的愛、更大的包容。

然而學校行政人員打從三姐弟一進柯林國小，就擔心著其他家長的反彈而隨時準備做其他的轉介措施，也許行政人員基於柯林小校的衝擊，看到的盡是問題的棘手，暫時無力於問題的解決。我擔心如果真有那麼一天，學校因為處理不了少數家長的強烈質疑，而要轉介某個孩子到其他學校時，「你真的不要我了嗎？」「你真的不再給我機會了嗎？」將是孩子何等不堪的吶喊啊！到時候我又有多少的力量可以與行政人員抗衡呢？

我一直感恩上天給我一個溫暖的成長環境，也感恩上天給我一個身體健全的女兒，但人生無常啊！明天會怎樣，誰也不敢說，也許哪一天，我的女兒也得依靠社福機構的照料，也得仰賴其他家長的接納吧？

那麼在我們行有餘力的這個當下，是不是能夠發揮最大的包容，將心比心，幼吾幼以及人之幼呢？千萬不要逼得任何一個孩子無奈的說出「你真的不要我了嗎？」

所以，我總是抓緊機會，隨時呼籲十八羅漢的家長們：「真誠的接納」，就從我們一年級的十八個家庭做起。社會上多的是高社經地位、高學歷文憑，卻冷漠、自私得令人難受的檯面人物。如果各位家長和我一樣不喜歡那樣的冷漠，就一起用行動支持學校好好照顧這三姐弟，一起發揮我們與生俱來的「惻隱之心」。

把每個孩子帶上來

學習不用急。我們要相信：該會的時候，孩子自然就會了。在十八羅漢相處的日子裡，我陸續享受了幾件孩子成長的喜悅：

例如，阿良會抄聯絡簿了。

對大部分的孩子來說，每天的聯絡事項要抄在哪個欄位，幾乎無庸置疑，阿良可是到了十二月的一個星期二才開竅，才終於明白：今天的，是要抄在昨天的下面那一格。阿良跨過的這一步，讓我星期二開心了一整天。

謝謝阿良媽媽接受我「戒急用忍」的教學態度，也謝謝阿良媽媽尊重我的專業判斷，容許我以有別於其他孩子的進度與內容等待著阿良開他的花，結他的果；當然全班同學不計較的胸懷也是功不可沒。每回見到阿良專注的抄著功課、踴躍的參與造詞發表、靜靜的看自己的書、畫自己的畫，同學都不吝嗇的送阿良鼓勵的掌聲，阿良愈來愈有信心了。上個月阿良告訴媽媽「老師說我以後要當一個小畫家」，那眉飛色舞的表情，真帥。星期三那一天，我誇他聯絡簿上的字一天比一天漂亮，問他要不要參加寫字比賽？他篤定的點點頭，笑起來的樣子是我們班最可愛的小男孩。我忍不住把他摟在懷裡，我相信阿良的進步是每一天都看得到的。

談到寫字比賽，小傑、阿品也搶著要參加，我說聯絡簿要抄得快的人才能參加，於是他倆卯足勁兒比誰抄得快。雖然是全班最後的兩位「比賽」者，其他同學卻沒有絲毫鄙夷之音，有人催促小傑抄快一點，有人傳授阿品抄得快的祕訣，就在這種「善」的激勵下，我見到「合作學習」最高的成就：大家都是贏家。

「在鼓勵中長大的孩子，擁有擊不垮的信心。」名言一句，真要落實在日常生活中，並不那麼容易。就像我在家長讀書會上，藉一個朋友容許他五歲兒子參與「洗碗」的工作，所引發出的家長憂心與對應之策，讓參與的六位家長反思了：

在孩子成長的歷程中，我們是不是經常以「鼓勵」的心情容許孩子開創他的新經驗？或是家長們經常因為自己的擔憂而限制了孩子創新的勇氣？

某個星期三，學校護士美花阿姨轉述國華國中一位當年擔任一年級導師的某老師，對前一年我帶畢業那「九條好漢」中在她班上那幾條好漢的欣賞，這位導師的評論讓我好欣慰。她說：「柯林國小這些畢業生的資質不算好，但他們幾個的思考模式就很不同於其他國小的畢業生，感覺上比較有自己的見解，不會人云亦云，而且在班上的人際關係也都不壞。」

我忙得沒空去了解究竟是哪幾條好漢讓這位國華國中的導師這麼激賞，但我有信心「九條好漢」都有這樣的特質，除了歷經前五年、三位不同的級任老師用心的打下好基礎外，最後這一年我因著九個孩子不同的天賦、不同的性向，擬定了不同的教學策略與要求標準，並且隨時藉「對話」幫九條好漢釐清個人與團體的價值走向。雖然那一年中，我的幾項創新教學考驗著校長的心臟負荷力，校長也時而提醒我，他總會聽到不願具名的家長不同的聲音，要我小心。但我好似看到「爭千秋，不爭一時」的真理，我還是堅持「必須把每一個孩子都帶上來」的個別化教學策略。

老師能夠發揮專業教育理念，最重要的是家長信賴的支持。今年的一年級，雖然有少數家長還在質疑我的班級經營，甚至曾有不客氣的態度、不友善的語氣，讓我心寒，但我一貫的工作態度「向著陽光，陰影自然在背後」，讓我甩甩頭，趕快想想支持我教學理念的家長其實大有人在，所以告訴自己「不必氣餒」，何況每回到校外演講，我都是鼓勵教育工作者，要以接受的態度來面對家長的批評，我一直秉持著：「批評，不等於反對；反對，也不必變成敵對」的溝通誠意。所以，我也不斷鼓勵家長：有意見、或需要老師特別關照的家長，真的不必在意「老師在場，就不好意思說」；而且自己有意見，大可直言，不必藉著「說清楚，講明白」來鼓吹其他家長說。我相信我的班級經營，絕對可以透明到經得起家長的任何討論。

不會玩黏巴球的孩子

「感恩的兒童節」是十八羅漢第一次和身障朋友的近距離接觸。

兒童節前的一次下課，有高年級的學姐來分送李校長和楊會長致贈的兒童節禮物「黏巴球」，抄完聯絡簿、吃完水果的孩子迫不及待的拿著出去大顯身手，可是卻玩得不太盡興，原來他們弄不清是左手拿球、右手拿拍，還是左手拿拍、右手拿球？重新集合示範說明後，孩子們恍然大悟，也給了我「生命教育」的靈感。

下一節課，我拋了一個問題：「有沒有人不會玩這種玩具？」「沒辦法控制自己手腳的人」「頭腦阿搭阿搭的人」「看不見的人」……我又問：「他們為什麼沒辦法控制自己的手腳呢？」

七嘴八舌的很多揣測，從小嘴巴中流洩出來。是導讀《好好愛阿迪》這本繪本的時機了。

一樣是專注的聆聽，一樣是熱烈的對話，不一樣的是因為剛剛玩黏巴球的親身體驗，對書中「阿迪」的慢吞吞，多了一份同情；對「阿強」的不客氣，多了一份不滿；對「琪琪」的正義感，多了一份欣賞，也為明天「聖嘉民啟智中心」的參訪，多了一份期待。

星期四，兒童節，告訴孩子要帶大家去和一群跟我們長得不太一樣的兒童玩。為了怕聖嘉民啟智中心早期療育的學前班孩子，讓孩子們太震驚，我做了粗淺但必要的行前說明：「等一下我們會看到一些沒辦法玩黏巴球的小朋友，大家來想像一下，他們可能長得什麼樣子？」

「沒有手沒有腳」「坐在輪椅上」「一直流口水」「亂叫亂叫」「不會說話」「眼睛看不見」……孩子們從公共場所和大眾媒體上看到的身心障礙類別，是他們這般年紀對「聖嘉民小學」（我刻意避開『啟智』兩個字）所能提出的猜臆。

「看到他們和我們不一樣，你會不會笑他們？」

一個孩子義正嚴詞的「開導」著我：「有什麼好笑的？他們又不是在表演。」其他孩子也紛紛搭上這班「同情」列車，「對呀，他們很可憐咧！」「不然讓你像他們一樣，看你怎麼辦？」

哇。我只不過問了一個我擔心的假設性問題，卻引來這樣激動的回響，這讓我相信待會兒到了聖嘉民，這群一年級應該不會失態。

十點鐘，一部七人座休旅車，外加三部自用小客車，載著我們浩浩蕩蕩開拔到丸山遺址旁的「聖嘉民啟智中心」學前班校區，主持人巧琳老師親切的帶引孩子進到活動教室，為孩子說明等一會兒要如何陪這兒的「小天使」散步在春天的花園裡。

巧琳老師對身心障礙朋友的關心與付出，是宜蘭縣教育界人盡皆知的好榜樣，我更欣賞的是；她做起來是那麼的愉快。去年柯林畢業的「九條好漢」也曾因著她的安排，對自己的「正常」，有一份難能可貴的感恩與珍惜。這次因為倉促的「加拿大示範教學」之行，沒能好好和巧琳老師溝通課程的用意，她仍是一副「樂在工作」的笑容，一句「不用客氣，儘管放馬過來」卸去我臨時叨擾的罪惡感。

平日活潑到有些隨便的這群一年級，看到陸續進到活動教室的聖嘉民小天使，竟是鴉雀無聲地看呆了眼，特別那幾位在學校有點「過動」的小麻煩，這一刻變得好柔軟。輕聲細語的勸小天使不要哭、不要叫、不要亂跑；動作輕巧地帶著他們預選的小天使玩開車遊戲；小心翼翼的攙扶小天使回座位。

互動中，我開心地發現了怡捷很會招呼小天使、孟涵引導小天使的技巧很高明、志彥很能理解小天使的困難、岱儒很熟練的指導小天使前進、文杰一反平常橫衝直撞的調皮樣兒，很慎重地隨侍在小天使身旁、志凡對待小天使的細心，讓我想起志凡的家長曾經告訴過我，志凡在家是一個很會照顧兩個弟弟的好哥哥。

若瑄、藍倪想帶小天使回飯桌用餐時，一個不小心，險些挨「唐氏症」的小天使一巴掌；岳倫鍥而不捨地勸導小天使不要玩玩具汽車，好多孩子想親自餵小天使吃飯，礙於得趕回學校用餐，這心願留待下一次的機會囉！

回學校吃完午餐，為了POWER教師甄選而來參觀「對話教學」的外賓已開始遊走在教室各角落，咱們這群小皮蛋對外賓來訪，早已司空見慣。最讓評審外賓嘖嘖稱奇的是孩子們天真、熱烈的對話內容，不但毫無冷場、而且笑聲不斷。評審們覺得很不可思議的是：去年我擔任畢業班導師，可以和青春期的高年級學生對話，這會兒換成一年級的小娃娃，我也能營造出愉快的對話環境。

「這很難嗎？」我疑惑的自問著，是不是「以對方為中心」的對話精神，已然在我的班級經營中印證出真理了？

「對話教學」觀摩會結束前，我送給孩子一句「靜思語」：「取笑別人不禮貌，讚美別人才是好」，做為我們班開始推行「口說好話、心想好意」的起程，也盼望家長一起來響應，讓「說好話」的好習慣落實在每一個家庭中。

身為教師，我清楚的意識到「孩子的成長不能等」，也許這個「感恩的兒童節」主題活動不能幫孩子「考」到很高的筆試分數，但被激發的「惻隱之心」及「感恩惜福的生活態度」，卻可以陪孩子自在的過這一生一世。

家長到底在怕什麼？

「手把青秧插滿田，低頭便見水中天，身心安頓方為道，退步原來是向前。」很棒的一首禪詩，孩子雖然還體會不出詩中禪機，但因著家長及社區對「體驗式教學」的認同與贊助，柯林國小的小朋友親身走入了這首禪詩的畫境。

星期二，全校整隊去雙胞胎阿公的農地插秧，岱儒一反過去怯怕的態度，竟然提議不要走大馬路，要求繞經田埂小徑。想到上週他一臉鐵青、被同學催促得很委屈地搖搖晃晃的走在「田岸」的畫面，我不敢相信的看他一眼，他得意的回應我：「這一個禮拜，爸爸常常陪我練習走田岸（台語），我已經不怕了。」

「真的？」調皮的同學才不相信呢！

「真的，不信，等一下我走給你們看，我還敢在田岸跑喔！」

真的，岱儒突飛猛進的平衡能力贏得全班同學的稱許。應該是家長的「自覺」吧？在聽我描述孩子走田岸的驚嚇狀後，岱儒爸爸深度自覺到「從小保護得太厲害了」，他最具反思的話語是「其實大人到底在怕什麼？我們自己從小還不是也這樣跌跌撞撞長大的。」

家長的深度自覺，換來孩子成長的契機，也換來孩子在同儕間的自尊。其實，作為一個教育工作者，特別在「教改政策」雷厲風行的當兒，我也經常面臨「到底在怕什麼？」怕進度趕不上？怕孩子沒學到？怕少了競爭力？怕家長有異議？怕行政不同意？還是怕自己承擔不起？

經常聽到的是「不怕一萬，只怕萬一。」是啊！多麼無常的萬一，多麼無可預料的萬一，有多少孩子就在大人「萬一」的考量下，錯過學習的黃金時刻，失去體驗的快樂時光；不過萬一真的……

萬一，還真是很難拿捏，就像那句台語「捏驚死、放驚飛」吧！有人笑說，結果是「攏總捏捏死」。那怎麼辦呢？「做最好的準備，做最壞的打算。」也許可以讓我們在面對「捏」和「放」的尺寸時，能稍微放輕鬆些，也讓孩子能學得盡興些。

這回全校學插秧正是「社區與學校結合」的最好典範。我考慮的只是學習的體驗性有多高，活動的危險性有多少，至於課程是否銜接得宜，正可以展現教師「主題網」設計的專業能力。

星期二九點整出發，全校短袖短褲的農夫裝引來許多社區阿公阿媽的好奇心，來到插秧目的地，柯林村的游村長早已萬「物」俱備的等著我們，孩子開始脫鞋襪準備大顯身手，在村長、校長「想起古時候」的簡單故事介紹後，躍躍欲試的孩子們終於下田了。

好多孩子是第一次下田，「好軟的泥土唷」「水好冰呀」「好噁心的爛泥巴」「你插太多了啦」「插下去不可以再拔起來，我阿公說那樣會種不活」「救命啊，我的腳抬不起來了」「慘了，摔得全身髒兮兮，回家會被打死」「喂，小心一點走，剛才校長畫的線都被踩得看不清楚了，怎麼插呀？」「不要拉我的褲子啦」……好精彩好天真的對話。

雖然踩扁的秧苗多過種成的，看到這一畦綠油油的稻田，看到天光雲影共徘徊的景色，看到孩子滿手滿腳的泥巴，看到因湊熱鬧越聚越多的社區人士，這個特殊的星期二無疑又是一次美妙的體驗式學習，學到什麼呢？沒有下田，真的很難體會，更不是傳統紙筆考卷所能考得出結果的。所以，一定要考試才知道學了些什麼嗎？

學習，在教室外

在和外校老師分享我的班級經營理念時，經常會被問到的疑點是：你的學生家長也都能認同你「尊重多元」的教學理念嗎？

我想是吧。如果不是家長也容許孩子有多元的學習，孩子就不可能有以下輕鬆的對話——

第一次預演完畢，邱瑄像發現新大陸般地跑來告訴我：「宋老師，我發現邱志凡好厲害，走平衡木的時候，他是用跑的耶！」我摟摟邱瑄，請她親自去告訴志凡她偉大的發現。看這對歡喜冤家比手劃腳的分享闖關障礙賽的趣聞，我決定暫緩調動他倆前後座位的決定。

星期一下午到馬賽看成群的水牛，第一次那麼靠近牛的經驗，讓孩子發出前所未有的讚嘆聲。智隆超誇張的呼喊引來新聞記者的好奇，扛著攝影鏡頭問智隆看到些什麼？智隆很認真的對著圓圓的鏡頭研究半天，「裡面黑黑的，什麼也沒有。」記者很納悶，五頭碩大的牛就近在眼前，怎麼這孩子視力有問題嗎？再看一遍，智隆說「哦，我看到了我自己」。我趕緊上前為他倆的「雞同鴨講」解圍，原來智隆以為記者叔叔要他看的是鏡頭裡有些什麼，不知道記者已經在錄他的畫面了。

星期三帶孩子到菜園去體驗「豐收」的感覺，這是學校課程領航員李校長的idea，前年種的百香果已經結實纍纍了呢。望著綠綠的橢圓形物，有人說「檸檬」、有人說「芭樂」、也有人說「奇異果」。還好總算有人猜到「百香果」。「可是我媽媽買的百香果不是這樣子。」「對嘛，是咖啡色的才對。」

「還沒成熟呀！」「那什麼時候可以吃？」

我請大家來猜猜看，「學校的百香果幾月幾日可以吃？猜對的，就可以吃。」「可以吃幾個？」「夠全校都來吃嗎？」

「一起來數數看，總共有幾個？」沒耐性的孩子一句「那麼多怎麼數？」就到一旁玩沙爬竿兒去了，不過一向聽話的岳倫、藍倪、玟慧倒是認真的數著。然後聽到有人說「我們分區數比較快」，很自然地就三三兩兩分成了幾組各數各的「頭頂」所在地。

有人抱怨了「脖子好酸喔！」

嬌小的若瑄語出驚人的說著，「不用數了啦。」我問為什麼？

「你沒看到有花嗎？還會一直長一直長，現在數也沒用。」唉呀。若瑄果然是「先知」。

接著有人發現有的大大的，判斷是先開花先結果的，沒想到被同學質疑「不一定哦！你看這顆長得就很奇怪。」「對啊！怎麼會歪一邊？」

「就像我們到聖嘉民看到有些小朋友和我們長得不一樣嘛！」下課鐘響，我直接點出生命的多樣性，也為「長大真有趣」這個主題網延伸學習，繼續帶著孩子探討長大必須歷經的風風雨雨有多少？

謝謝校長苦心經營的一方教材園，讓孩子有機會與「大自然」對話，也讓「生而知之、學而知之、困而知之」的孩子們得以在柯林黌宮兼容並育而不悖。

走過歡天喜地，開心自在，偶有些許風雨的一年級自編教材，我一點都不後悔當年主動向校長爭取接下「九年一貫課程」開跑的第一棒，謝謝一年級這十八羅漢家長們認同我「教育即生活」的潛移默化影響，於是：羅東運動公園「望天丘」斜坡有我們盡情翻滾的身影；元宵節柯林校園夜色中，有我們提燈籠尋寶的足跡；聖嘉民啟智中心，有我們另類兒童節的感恩；穿堂階梯，有我們促膝討論繪本的場景；柯林村的田埂上，有我們嬉笑追逐的畫面；國語日報上有我們「種田去」的登載；安農溪畔水池邊有我們釣到魚的歡呼聲……

雖然一年級的教學活動，每一天都像打仗般的緊湊，我仍可以聽到孩子們用「我是一年級，所以原諒你」來消解自己受到的委屈；我仍可以聽到孩子們說：「不要比誰怕誰，要比誰更愛誰」來勸阻即將上演的全武行；我喜歡聽孩子們在拔雜草、撿落葉時，不經意的八卦對談；我更喜歡聽的是孩子們脫口而出叫我「阿姨」「媽媽」、甚至「阿嬤」所引來的哄堂大笑。

啊！真的要感恩一年級家長願意陪著我「在等待的歲月中，學會了不絕望」。

於是，「十八羅漢的長大」在升上二年級時，我看見了。

在雪山隧道還未開通前，帶著宜蘭柯林國小二年級「庄腳囝仔」坐火車到台北兩天一夜的「拜訪無尾熊」體驗式學習，曾經讓這一班的兩位家長擔憂：「孩子太小了吧！」也讓同樣是二年級級任的其他學校老師感嘆：「未免太大膽了吧！」當然也讓某部分家長羨慕不已：「當你的學生真有福！」

站在教育現場多年後，「完美是行動的敵人」這句話成了我的座右銘，也成了「自我檢省行動力」的準繩。

許多人在做決定之前，都會考慮再考慮，必要等到所有的條件都備齊了，所有的危機都解除了，才敢有所行動，想的往往比做的多很多。然而，身處教育現場的教師們，面對的是一群「童年不能等」的孩子們，如果，教學內容老是等著上級說了才行，或有別人的前例在先才動，恐怕會讓孩子的青春歲月留下太多無法填補的空白吧！

仍舊是基於「給孩子機會」的動機，儘管校外教學的疲累是早可預見，但整個「動物大會串」的主題教學中，所看到孩子們高昂的學習樂趣，又讓我再一次享受了「雖然辛苦，其實幸福」的教學自主。

阿嬤擔心怡捷這麼小就住在不認識的台北接待家庭的安全問題，而在第一次活動調查的回條中回覆「不同意怡捷參加」。雖然怡捷交回條時，語氣頗平靜的告訴我「以後我還有機會可以去木柵動物園」，但從她落寞的眼神，我讀出了小女孩不敢違拗大人威權的不得已妥協，我是真的心疼了！等了一個禮拜，才又與阿公連繫，幸好阿公支持這個活動的教育價值，說服阿嬤「免煩惱那麼多，又不是怡捷自己一個人去接待家庭住，還有佩吟一塊兒作伴呢！」才免了怡捷的遺憾！

出發前兩天，阿嬤仍在擔憂中對我說了她的焦慮：「老師，怎麼要去住陌生人的家？乾脆每個人多收一些費用，大家去住旅社不就好了嗎？」「沒事就好，如果……」是許多老師對校外教學敬謝不敏的主要考量，「不怕一萬，只怕萬一」更是大多數行政人員對老師的創新教學聞之色變的重要因素，怡捷阿嬤始終的掛心確實帶給我極大的壓力。

為了住在接待家庭，孩子有很高的好奇心，於是他們想像、他們猜測、他們模擬，化成一段段好有意思的對話；好幾個第一次坐火車，第一次出遠門，第一次沒爸媽陪著睡的「溫室花朵」，終於得面對「生活自理」的考驗，得面對「寫信」的實用性，得面對「我需要長大」的挑戰！這才是校外教學除「認知」外，更重要的「情意」「技能」的學習內涵，也是九年一貫課程最強調培養的「帶得走的能力」。

回想一年多的教學活動裡，無論是羅東運動公園踏青游泳、寒溪採桃、插秧種蔥、釣魚賞水草、到武塔或台北的火車學習之旅，大大小小、遠近不一的各項校外教學，一定看得到麗秋（雙胞胎媽媽）的身影。

雙胞胎爸爸拖吊車繁瑣的調度作業全靠她一個人在張羅，要記下車主的拋錨現場，又要聯繫車廠的拖吊流程，還得安排暫欠款的催收時間，常常在活動中聽到她接起手機「喂！您好！」我的感激與抱歉便也油然而生。多虧有麗秋，只要有校外教學，一定會有她那輛綠色Free Car的支援。

易昌媽媽的轉變，讓我對帶著孩子進行體驗式教學更有信心。

入學前的家庭訪問，易昌媽媽一聽到我的教學非常注重實地參訪與親身體驗，她立刻面有難色的表示「那考試的進度怎麼辦？」

她的焦慮曾經是我的負擔，還好易昌爸爸也認同「做中學的實際效應」。一年多來，易昌總算擺脫掉「分數的壓力」「考試的恐慌」，悠哉的參與發表，自然的表達關懷，我不止一次告訴易昌家長，「感謝您們還給孩子快樂的成長空間」，事實上，也有好多師長發現了易昌放鬆之後更燦爛的笑容。

不過這次兩天一夜的木柵動物園之行，應該算得上是易昌媽媽所面對的、空前的大掙扎吧！

早在暑假召開教學計畫說明會時，已經做成決議：台北動物園校外教學，不參加人數少於二人（含），由家長在家自行教育或仍到校請沒課老師陪伴相關學習；不參加人數在三人以上、低於全班三分之一時，由宋老師自負鐘點費，外聘代課老師專職照顧；如果不參加的人數超過三分之一，這次校外活動就取消。雖然孩子去或不去，早已在我的教學關懷中，但「把每一個孩子都帶上來」那種一個都不能少的教育使命，讓我不想輕忽回條中任何一個孩子的遺憾。

我問易昌「想不想去？」不問還好，看到孩子閃爍的眼神反而讓我陷入天人交戰！

「要不要替孩子向家長說情？」「可是，萬一路途上……」為了不讓孩子的童年留白，「雖千萬人，吾往矣」的那份雞婆心又促使我走向易昌媽媽。

「我都隨他啊！」感謝上天，媽媽的態度已從早先擔心孩子不曾離開過媽媽身邊，到願意給孩子機會試試看，最大的轉變是，她在聽完出發前的家長說明會後，回家跟易昌爸爸商量的結果竟然是：放心的把兩個哥哥交給爸爸處理，決定陪我們一起來趟「鄉下人進城之旅囉」！

像易昌媽媽這樣的轉變，是任何一位有心想多給孩子一些體驗的老師最大的鼓勵。在這次兩天一夜的動物園行程中，易昌媽媽稱職地扮演著「幼吾幼，以及人之幼」的優秀義工家長：上下電扶梯、進出捷運或火車廂，她是最佳「車掌」；動物園裡的參觀秩序、麥當勞前等薯條送來、每一次的集合招呼，她是最佳的「警察」；火車上的對話教學、力行國小的客座學生上課畫面、隨處一個值得留念的鏡頭，她是最佳的「攝影」。最後她還不忘肯定「去台北參觀還是要兩天一夜才夠，而且啊，坐火車真的比較安全又舒服！」

岱儒爸爸無疑是我們班校外教學的大功臣，只因為他自己兩歲半就沒了爸爸，感同身受中練就了「一有機會願意多付出」的心胸，以及平等對待班上每一個孩子的無私情操。無論是出錢出力出時間，說他是「最狂熱參與獎」一點不為過。教育事業多幾個這樣的「合夥人」，教改還有啥阻力呢？

「豐富的生活經驗」是孩子未來社會適應良好與否的關鍵性指標。透過多樣性的生活經驗，孩子可以學習思考、人際與情緒處理，進而發展出足以提升生活品質的適應力與創造力。

心理學研究已明白的揭示，從「書本上」得來的實用知能只佔百分之十，從「聽聞」得來的佔百分之十五，從「實際經驗和實務情境」中得來的實用知能佔百分之七十五。因此，想培養適應力強的孩子，就要從「增加生活經驗、加強生活教育」努力起。

★「忍受挫折」及「解決問題」的能力

智隆是我們班最具「大哥架勢」的一員，無論是排解紛爭、或分派任務角色，他都有領導者的樣兒，偏偏就是丟三落四的，讓家長很傷腦筋。

我在教學計劃中特別將資訊科技融入現實需求的課程內容，讓孩子們記住自己的身分證字號，學習上網訂自己的火車來回票。這方面的生活經驗比其他孩子豐富的佩吟，分享了她看過媽媽用電話預約訂票的印象，孩子們學到了買票的幾種不同方式，也討論各種方式的優缺點。

有三位孩子沒抄來身分證字號，沒辦法訂票，可能去不成台北，心軟的同學七嘴八舌的提醒：「你們星期一一定要記得抄來唷！」倒像皇帝不急，急死太監。也有人建議這三個人「也可以打電話訂票」，我冷眼旁觀的想：這三個要是能打電話訂票，也不至於沒抄到身分證字號。沒辦法！就是這樣，永遠有迷途的羔羊考驗著我的創利教學。

智隆雖然記住身分證字號，也順利的在電腦教室完成網上訂票手續，可是家長帶去羅東車站取票時，竟然發生「訂票代碼不正確」的烏龍事件，只得重新再上網訂一次，再跑一趟車站去取票。隔日在學校分享取票感受時，發現這樣的烏龍孩子有好幾個呢！有的家長嫌麻煩，自己摩托車一騎就自個兒幫孩子把票取回來，所以在教室分享拿票經驗時，只有易昌說得出親身取票的緊張感受。我可以諒解家長的作法，因為每一次遇到類似「練習購票」這種需要家長配合的作業，我也都會興起「乾脆集體訂票算啦！」的念頭，省得後果難以掌握；不過，我終究還是吞下直接幫孩子解決問題的雞婆心態，不顧後續麻煩的讓孩子自己去面對問題，因為我相信唯有如此，孩子才可能有成長的契機。

因為是各自訂票、各自取票，十九個學生，座位卻分散在三個不同的車廂，我問孩子「怎麼辦？」

沒想到他們老氣橫秋的回答我「沒關係，我們會自己照顧自己。」害我引不出原本準備指導他們如何和陌生人商量換座位的話題，只好硬掰「可是在火車上老師還得給大家上課呢！不在同一個車廂怎麼上呀？」終於喚起孩子們的危機意識「那我們就站在老師旁邊好囉」！

「一站要站兩個小時耶！再想想看，有沒有其他的辦法？」

「啊！換車票。」忘了是誰出的主意。

「可是我們買的是半票呀！」這下真是考倒這群鄉下孩子了。

「那就換座位好啦！」總算有人開竅了。反覆讓不跟老師同車廂的孩子練習如何請求陌生人答應換座位，希望搭車時不至於結巴得說不出話來。雖然我心知肚明：再熟練的虛擬作業終究經不起現場實務的考驗，也是我一再強調的「體驗式學習」的重要，就是「給孩子機會」，有道是「一回生，二回熟」囉！

就像智隆明明在教室練了又練，零錢怎麼擺、車票怎麼放、小錢包如何收，萬萬沒想到仍然在第二天要回羅東的月台入口處，還是發現他裝零錢與回程車票的小錢包不見了！

「在哪裡丟掉的？」隨隊的家長熱心的問，我在一旁覺得好笑，如果他能說出在哪兒丟的，就不會丟啦！

不過，這不正是我常常掛在嘴邊的「問題是創造的母親」嗎？就來試試看，這回孩子能有什麼樣的創造力來解決這種問題。

除了智隆之外，還有文杰、家豪也找不著回程票。我嚇他們「那就留在台北，不要回羅東囉！」旁邊有一路人甲已經看著我們的對話教學好一陣子了，竟也跟著幫腔「好耶好耶，就留在我們台北吧！」見他們三人慌張得猛搖頭，我和隨隊家長忍不住就要笑出來了，連家豪的媽媽也跟著起鬨，她好像忘了自己在前一天與陌生人換座位時，就是拿回程票和人家換的烏龍事件呢！

「老師，可以到車上再補票。」有人想起上次從武塔回來，因為時間緊迫，全班先上了車才一一請列車長補票的經驗。

「你們還有錢補票嗎？」

「我可以借你，智隆。」大哥就是大哥！總是有人願意伸援手。接下來就等著「遇見列車長」的好戲上演囉！

前一天剛出發時，列車長是一位叔叔，孩子好奇的問了好多問題：你叫什麼名字？為什麼你要帶對講機？你怎麼會戴眼鏡呢？如果有人沒有車票怎麼辦？今日回程上的列車長是一位阿姨，孩子們更好奇！不過這位列車長阿姨來來回回幾趟，似乎沒有要查票的意圖，眼看著頭城站就快到了，我真擔心來不及讓孩子充分面對「無票上車」的責任問題，失去了豐富對話思考的大好機會。

我趕緊靠前低聲向列車長說明我的教學動機，請她務必查票並詢問沒票的孩子怎麼辦？

哇塞！這位列車長的演技真不是蓋的，智隆被她逼問得頭都不敢抬起來，只是拚命的吃著手中的福隆便當，反倒是阿姨的一句「沒有車票要把你送給鐵路警察喔！」讓平日不太主動發言的文杰立刻自首「阿姨，我沒有車票」，接著家豪也趕忙拿錢出來補票，文杰緊張到結巴地向岱儒爸爸借錢，只有智隆還繼續吃著便當，我反而佩服起他那種「天塌下來有人撐著」的架勢，也許他早已看穿我不可能讓他們孤伶伶的面對問題吧！最後是幾個女生敦促著智隆趕快借錢補票，他老兄才向表妹湊足零錢過了列車長阿姨的查票。

當晚，接待家庭的厚任媽媽打電話來告知，整理智隆睡的床鋪時，在枕頭下發現錢包裡有回程車票和百來元的零錢。這補票還真補得有點冤枉哩！

有道是「旁觀者清」！

四月一日愚人節，十八羅漢的教室多了一位極有上進心的年輕人，看我上課，看我改作業，看我和孩子們對話，更難得的是問我的教學構思，問我的班級經營最高指導原則。很多早已駕輕就熟的教學策略、學生行為處理、學習困難引導，在這位年輕人眼中，竟都是寶貝一樁。我想，要不是年輕人帶著一顆挖寶的心，懷著一份學習的意，很難把再正常不過的教學看得如此深入。

年輕實習老師的「看見」，又埋所當然的成為我〈教學手記〉的內容。

愛，是教育唯一的路

柯林二忠之旅記行

廖政閣 92.04.07

在各項因緣具足圓滿的條件下，政閣終於有這個機會來到柯林國小宋老師的班上進行一段長時間的觀摩見習，藉機一探這位頗富盛名的power教師，究竟有何魅力？二十多年的教學生涯是資歷或是資糧？

且允許政閣試圖用個人的觀察與詮釋，以淺陋筆墨捕捉這群師生的片段側記吧！記得九十二年四月一日首次步入二忠教室，映入眼簾的便是那再熟悉不過的意識會談式的座位排列，心裡著實有著不小的驚訝！

開始上課的宋老師，不疾不徐地坐在前頭閉目靜思，等著、也看著孩子們自動收心回來，這是一幅很溫柔的圖像。為何這麼說呢？因為我看過不少班級的做法，有的是全體趴在桌上，等著權威的解放；有的是班長風紀來回穿梭不停，深恐漏記了一個擾亂秩序的頑固分子；當然，也有毫無班級常規可言的班級。我想要強調的是，讓一群這麼特殊的二年級孩子學習自律、學習明白這個時候該做什麼事，若是缺少老師的接納與愛，真的是難以做到。

在宋老師的班級裡，課程真的是沒有制式進度的規定，只要是生活中能夠教給孩子們的材料，就是這堂課裡的豐富饗宴。一開始，老師先利用小朋友發現到教室裡又多了一個人的情況，進行「文字賓果」；從「瞎猜」我的名字，到「讀唇」、用「聲音念出來」，一直到「寫在黑板上」這四個階段，孩子們寫著寫著，愈來愈接近我的名字，猜測中充滿了趣味，而我第一個想法是：「這也能玩？！」答案揭曉，老師將我的名字一部分一部分地寫出，讓小朋友去回想從前學過類似的字，一點一點地累積孩子們對文字的感覺。對我而言，如此特別的自我介紹方式，真是生平裡難忘的一次體驗。

「他愈來愈會當組長了！」「好棒！老師最欣賞阿佩了，因為她都會很專心的聽，幫文杰一直進步！」「你覺得自己寫的太短太少的馬上補，做自己的主人，不要讓老師退回去重寫。」「誰能來幫助他，提供他一些方法，告訴他下次要怎樣才會做得更好。」……

諸如此類的話語，在宋老師的班上經常可以聽到，不勝枚舉。

的確！具體的描述稱讚就是老師鼓勵的準則，讓孩子學會「做自己的主人」更是最為重要的目的；所以教室內雖充滿了鼓勵性的言語，卻不會令人覺得煩膩或虛偽，只因一切都源自於師生間最衷心的體會。而每一句用來管理秩序的話，老師都以深刻的表情、聲音來表示出來，提醒那些小朋友，而不是以高分貝的音量壓制威嚇孩子。柯林二忠，一個沒有教師語言暴力的班級，是最令我驚訝和佩服的教學好所在。

給孩子機會自行判斷，讓孩子有機會成為你最貼心的好幫手，老師教得輕鬆，孩子卻學得更多。因為壓力並不能使一個人成長，唯有認識到責任，才是孩子成長的開始。我看到宋老師總是在不斷變化的時機裡頭，給予每個孩子不同的機會去嘗試，她知道每個孩子現階段的能力概況，卻更在乎他們背後的無限潛力；所以她願意、更鼓勵每個孩子勇於嘗試，求取更多更廣生活能力的提升。

教材內容上，宋老師早早就確立了這一年裡要孩子學到的是什麼能力？根據這些能力指標去抓取所需的主題，再以豐富創新的教學直覺來變化出各課不同的玩法。具體一點來說，就是每一個主題、每一課，都依照老師的感覺與創意來安排情境（包含課堂與課後），如此一來師生便可順著情境來討論，而不用拘泥於課文的深究之中。以國語課為例，宋老師是以「對話式教學」為主軸，和孩子談與課本主題「逛夜市」相關的生活體驗（用聯絡簿先請家長帶孩子去逛不同的夜市），對孩子來說那是很真實的感受，他們就能夠說、能夠體會作者所描述的夜市在講些什麼，進而在老師的引導下比較出自己與課文作者體驗中的同異。親身體驗與關懷，是老師很強調的重點，因為沒有做過、看過、摸過，就沒有根，就不會紮實，孩子就很難內化。

而與孩子的對話當中，宋老師總是順著課堂當時的感覺、孩子的興趣與眼神，抓住一個點就切進去談，不受進度所框限。例如談到夜市裡的撈魚小販，老師便能從魚池談起、談到天然的魚池、不銹鋼的魚池，進而想到學校裡的洗手台，接著引導討論學校是否需要改建這些洗手台等等議題；在小朋友紛紛拋出自己的想法後，宋老師也提出自己的想法（她覺得這樣有些浪費，認為如果不需要的話，最好不要浪費這些錢，應該把錢用在有用的地方。）當然這只是眾多想法中的一個，也許具有建議性，但沒有強迫性，這是老師落實尊重孩子價值觀最珍貴的一點；在這裡宋老師鼓勵孩子們發表，她認為喜歡和不喜歡都可以，但要有自己的理由，做個有主見的人，才是自己的主人。

我發現，宋老師並不擔心孩子愛說話，她在乎的是「孩子為什麼不說話？」不說話是一種壞習慣，也會造成畏縮與溝通障礙，對於這群特殊的孩子而言，「學會說適當的話、做適當的事」，應該是宋老師最終極的關懷吧？

班級經營方面，宋老師綜合賓果、進格過關（個人及小組），還有榮譽卡制度（發給家長，若孩子得到家長的肯定，才由家長發給孩子）。最大的特色，莫過於「每日一句」這個活動：每天在黑板上有一個新的成語，小朋友可以運用自己的各種管道來了解這個成語的意思，之後再造出一個句子，這是天天都有的家庭作業。宋老師最重視的是句子的「感覺」，只要能寫得很特別有創意、很美很動人，小朋友都能得到實質的讚美。

另外，二忠獨有的News Report學習單，長期來讓小朋友紀錄下學習過程中經歷的點點滴滴，也是相當棒的idea。批改作業時，老師用畫星星或蓋章數取代分數，期末再累積每個人的數目，以「標準差」的統計方法來計算成績，圓滿了評量量化中的質化。

「事後的訂正，遠比寫多少作業來得重要！」宋老師告訴我，「強化訂正」才是讓孩子進步的最佳途徑，所以我看到老師花了好多課後時間讓有需要的小朋友進行個別訂正，一個一個指導，協助他們盡量在最少的提示下完成訂正。

一個好的老師，懂得「問問題」，而非「給答案」；可是除了老師自己能問好問題之外，能讓小朋友也學會問問題，所需要的便不是「教學技術」而是「教學藝術」了。我體會到不管教什麼，一定要注意是否有將「感覺」教給孩子，沒有感覺詮釋的知識，是在騙自己，也在騙孩子，對「生命」沒有意義。

整理一下幾天來的思緒，感受到很多衝擊與靈光閃過的感覺，這兩種力量不斷地撞擊著我，讓我不得不停下來檢視一下自己。

WHY？為何我會有著衝擊的感覺？是不是因為自己還存有傳統呆板的思考模式？是不是自己一直以來都只是看到九年一貫的招牌而已？

不過，我還有救，因為我還有著那些靈光的滋潤；現在我知道，我也可以學著這麼做，而且必須要這麼下去，要把自己之前對九貫精神認知的膚淺扭轉過來。

我承認，很難！

但我告訴自己要做，因為有人能夠做到，我也可以，而且要更有自己的感覺。

我明白若是不愛孩子、沒有溫柔接納等待的心，是完全沒有可能成就現在眼前所見的這群孩子的。

自認相當認同九年一貫課程精神的宋慧慈老師，又再次向我證實了傳言不虛！

唉！將我衷心的讚美歸於孩子吧！

這位有愛有感覺的資深教師已經擁有太多太多讚美與自信了，也許也正是如此，她才能夠將孩子們變得如此有信心與快樂。

教師之愛，是人間最美最動人的故事，也唯有愛，才是教育唯一的目的，唯一的路。

然而，就如宜蘭縣資深校長的評價：「宋老師教學成功，做人失敗。」也如候用校長的觀察：「宋老師扮演『土虱』的角色，不適合柯林的校園生態。」

經由外子客觀的情勢分析與研判，要把「十八羅漢」送上三年級的暑假，我決定離開柯林這個美麗的校園。

七月初，智隆和雙胞胎來教室幫忙我打包一些個人教學用品與檔案資料，雙胞胎說媽媽要幫他們轉學，我雖然沒有把他們的轉學動機與我自己的調校劃上等號，心裡仍是惦念著「我的離去對這二十幾個蘿蔔頭究竟會有怎麼樣的衝擊？」

一直到智隆紅著眼眶告訴我「我不要換新老師。」內心最深層的牽絆終於被挑起了。曾經對孩子們的承諾「教您們到柯林國小畢業」，曾經給家長的遠景「自編教材做六年的完整規劃」，在碰觸到智隆淚光的那一剎那，「不捨」的失落感深深地啃噬著我三年前來到柯林國小的初衷。

整理被我視為寶貝的孩子們的成長檔案：剛入學時的單張聯絡簿上記錄著「上學的第一天」「宋老師」「踢足球」「吃午餐」的稚嫩素描影像；NEWS REPORT（柯林國小新聞報導）詳載了這兩年的各項教學活動，從圖像記錄到注音符號、到摻雜許多錯別字的國字內容，舉凡校外教學、時事記要、班級插圖、林林總總的舖陳了這年「自編教材」的多樣化教學；簡單的讀書心得報告，讓我憶起岱儒爸爸遊說岱儒將壓歲錢奉獻出來，買了一批文圖並茂的繪本捐給班級讀書會，每週依序號大家輪遞著讀，有人愛看精美的插畫、有人藉著拼音了解故事大意、有人早已看得懂多數的國字，常在換完書的第一時間很快就瀏覽了書的精華所在，在那順序輪流的規劃中，孩子們精熟了數列排序，學會了「愛自己的書，也愛別人的書」，最有意義的莫過於在「每週一書」的輕鬆閱讀下，每個人都讀了不同的二十本書，讀書報告寫得如何倒不是我最在意的了；讀全天課的每個星期二是「日記天」，從孩子們好幾次興奮的提醒我：「老師，今天要寫日記」，我知道漫長的星期二全天課對七、八歲的小孩毫無負擔，因為「游泳課」「騎腳踏車逛柯林村」「創意美勞課」「認識校園植物」「探訪昆蟲的家」「校外參觀遊記」大小活動豐富著孩子們歪歪扭扭寫、畫出的日記。

一張張放大了的活動照片、一片片剪輯了的VCD，收錄了這兩年重要的歷史鏡頭，讓我陷入記憶深深的倒帶中：感謝聖嘉民啟智中心提供我們「感恩兒童節」的回饋機會、感謝宜蘭縣政府舉辦的綠色博覽會准許我們多次入園、感謝台北市力行國小家長願意接待我們跨校聯盟、感謝博物館家族對我們的厚愛，給了我們充裕的參觀經費、感謝武塔國小的熱情招待，雖然沒瞧見螢火蟲，一趟普通車之旅倒讓我們學會了買車票並能沿大眾運輸工具、感謝許許多多來教室陪我們同步作息的校外人士，讓孩子「相互接納，相互扶持」的同儕關係得到最「善」的鼓舞。

最不同於宜蘭縣其他偏遠學校的是：我何其有幸，能得一群鄉下家長的支持。也許曾經擔心開放式教育的學習後果、也許曾經不認同老師的非傳統教學、也許仍是擔心快樂學習下的競爭力、也許仍然不認同老師的自編教材，也許……回首來時路的此刻，真是感謝上天賜給我這群純樸的鄉下家長，除了一年級初期的班親會偶有幾句火爆語氣，這一路走來，盡是家長在親師交流道上的感謝與肯定，伴我度過許許多多的荊棘與質疑，這兩年的親師互動在我的教學生涯必定是一段難以忘懷的「教育夢田」記憶所在。

最要感謝的當然是願意給我們機會嘗試「自主學習」的李校長，有他不間斷的提醒，我們這兩年的「自編教材」才能在創新意念中，不失安穩的發展出符合柯林學校願景、回應柯林特色的校本課程。

「行有不得，反求諸己」是我深度自覺後，決定離開柯林的主要關鍵。同事問：「大家都那麼熟了，你怎麼捨得走呀？」

啊！那裡捨得？

尤其想到還有好多好多的夢未圓，總又沒來由的泛起一股若有所失的悵然思緒。對李校長、對新老師、對舊家長以及讓我最不捨的孩子們，我真心的承諾：

不是換老師，而是多了一位新老師，持續著這兩年的「緣」，我隨時會在你們身邊，只要你們需要我。

再見了！柯林國小，這一塊曾經讓我有著許多圓夢計劃的教學聖地。

8

願從土虱變菩薩

過去，我只要一聽到「不過……」這樣的但書，就會打從心底瞧不起對方。經歷過柯林國小的「三年被質疑」，也經歷了大洲國小的「兩度被拒絕」，我開始學著「先閉嘴、再吞口水」，勉強自己把人家的話聽完，並且不急著追問或教育對方。

我其實是很不情願來到竹林國小的。

在柯林國小的三年，一直有一種「嫁妝沒地方擺」的怨。參與過台北市「四一〇教改」「小班精神教學」所得的經驗，「移民」到台灣後山的宜蘭縣偏遠國小，經常覺得：我說的話，柯林的校長、主任和資深老師「聽不懂」；我想推的活動，蘭陽平原的老師往往覺得「多一事，不如少一事」。

在柯林任教一年後，曾經參加過一次縣內調校甄選，沒被同為六班小校的大洲國小錄取；再過兩年，我又提申請縣內教師甄選。這回除了兩年前沒被甄選上的三星大洲國小外，我也遞表給羅東竹林國小。就當「候補」罷了。

在準備參加大洲國小的甄選時，有民意代表和教育局長官跟我打包票，說已經向大洲高層「介紹」過我了，於是我信心十足的去電竹林國小的人事主任：要抽回我的申請資料。那人事主任問都沒問「為何？」

沒想到大洲國小「再度」拒絕我。聽馬路消息：大洲的關鍵人物認為「小廟容不了我」！

落榜的同時，我厚著臉皮，再度去電竹林國小人事主任：「還來得及再接受我的報名嗎？」他遲疑了一下，仍然沒問原因，所以我開始準備到竹林應試：拿竹林國小的四年級數學課本，為每一單元張羅簡易教具，打出三十分鐘的教學簡案格式，預想各單元的開場提問……

口試，我一點兒也不擔心；試教，更是我拿手的；第一關的「電腦編排」與「打字速度」才是我的致命考驗。外子安慰我：怕什麼？我老婆是教育部《特教電子報》每週「教室傳真」的專欄作家耶！

不過，得到傳聞竹林校園有一股不讓我甄選上的計謀，打算在電腦作業那一關就先淘汰我，讓我沒有機會展現我最優勢的「試教」和「口試」。當下有一種「做人真失敗」的沮喪！

可是，我已經沒臉再在柯林國小待下去了。儘管面臨已無退路，只能勇往直前，非進竹林不可的徬徨之路，當又接到教育局長官的關心電話，我還是婉拒了他想再度為我「喬一下」的美意。

兩個電腦考試官，一個是剛剛參加完我主辦的「九年一貫在宜蘭」教師自主研習的實習老師，可能為了避嫌，對我的招呼回應得很靦腆；另一位年輕考官就顯得殺氣騰騰。沒想到我在緊張的時間壓力下，居然能過關。後來聽竹林同事說：那兩位電腦主考官很愧疚，好似為「沒把關成功」而自責。一時「宋慧慈要試教和口試」的消息，帶給兩試場的甄選委員很大的壓力。

通過電腦測試第一關的我，輕鬆的提著一箱簡易教具，在竹林老師的指引下，走進試教準備教室。一眼望去，我最資深。感受到其他考者的緊張，我大方地跟考者朋友介紹我的教具百寶箱：「大家有緣在這兒相識，不論您等一下抽到哪一個單元，我都有相關的教具可以借您喔！」

但我接收到的，卻是「妳是誰啊？」的質疑眼神。

半小時後，悠哉上台的我，面對棒球校隊來扮演的試教學生，我一開始就搏得他們的好奇心，很配合地跟著我的提問探討。就在我的開心中，一位女生忽然哭了起來，還好我的關切對話得當，女孩兒沒多久就停止了哭，讓我可以把那單元作個結尾，正好試教的時間也結束了。

起身那一刻，清楚收到幾雙評委對我讚嘆有加的和善眼神，然後我就提著簡易教具箱，穿過小操場，到口試場地旁邊的會議室準備接受口試委員們的提問。

口試委員的陣容滿龐大的。但那幾年竹林有一些風風雨雨的傳言，聽在我耳裡的是校內人事的不和諧，爭權奪利的勾心鬥角。所以我對這麼一大群口試委員並沒有太好感，但，我還懂得識時務者為俊傑，也就先打包起偏見之心，迎戰！

先禮後兵的被邀請「教育理念的自我介紹」。我以短講的老練姿態，對委員們闡述我如何落實「以學生為中心」的實務經驗，沒有高調，也不空談。居然有好幾位委員含笑點頭。喝水的瞬間，聽到冷冷的聲音，出自犀利的眼神：

「妳在柯林國小，一個年級只有一班，妳想做什麼，都不會影響到同學年的其他老師；但是，我們竹林每一個學年至少有四班，萬一妳的點子沒有辦法和同事取得共識，妳會怎麼做？」

這面貌姣好，但毫無笑容的女老師，剎那間就教我敬畏。我深呼吸，好多在柯林推動改革不如意的教學場景湧入腦海。我恭謹地回答：「謝謝您的提醒！我想我對認為該做的事，依然會保有我的熱情，依然會無私地分享給同事，但，在竹林國小我會多一份等待的尊重。」

她沒再繼續提問，可我也沒得到她絲毫善意的肯定。時間似乎凍住了。為了打破冷場，我邀請一直笑容可掬的男老師：「您要不要問問我？」他立即臉紅地搖搖頭。反倒看起來是主考官的帥帥男老師開了口。但他的問題根本是做球給我，讓我又做了十來分鐘的短講，委員個個聽得很認真，感覺我即將跟這一群友善伙伴共事，除了那一位猶如「滅絕師太」的女老師。

離開竹林國小時，走在穿堂給了我奇妙的回憶：在柯林國小的第一年，為了給「九條好漢」不一樣的畢業典禮，我曾經開車來竹林國小借壓克力的司儀講台，就是從這個穿堂推出那講台的。

緣分居然這麼奇妙！想起兩年前我的魯莽：自以為是為學生好、自以為公家財產本來就應該共用，就越過柯林的李校長，直接打了一通電話到竹林國小的校長室，當時的校長一點也不為難的就答應借我。於是，我想著如果能跟這樣大氣的校長共處一校，也真是福氣。

歹鬥陣的小媳婦

我被竹林國小錄取，是教育局長官來電告知的。外子說他早料到是胸有成「竹」的結果，我卻為著「真的」要切斷與柯林的因緣而感傷著。

隔天拜會過竹林的周校長，他問我想擔任的科目和年級，我只懇請不要安排三年級級任，以免柯林那群家長會為「十八羅漢」轉校。

八月初，一宣布我要帶領五年級的孩子後，立即接到自稱是學年主任的高個子男老師來電：要我到學校開學年會議。

新學年五年級的四位級任，忠班是學年主任，孝班是我，仁、愛兩班都是新進，也是新任的陳老師，雖然一瘦小、一高胖，但都聽得懂我的教學理念。相較之下，學年主任比較有一些顧忌，他回應的模式是：想法不錯，不過……

過去，我只要一聽到「不過……」這樣的但書，就會打從心底瞧不起對方。經歷過柯林國小的「三年被質疑」，也經歷了大洲國小的「兩度被拒絕」，我開始學著「先閉嘴、再吞口水」，勉強自己把人家的話聽完，並且不急著追問或教育對方。

因為是不得已的調來竹林國小，我期許自己「願從土虱變菩薩」，感恩上天賜予我諸多善緣，讓我教學生涯的最後十年，在竹林校園越教越順。

調校成功的那一年暑假，到竹林國小參加完課程計畫研討會後，一路趕回雲林蚶寮老家向婆婆稟報：「阿娘！我『又』換學校了！」

一向寵溺我的婆婆，這回仍是袒護媳婦的心態問著：「哪擱遇到『歹鬥陣』的校長，麥按怎？」二十多年的婆媳關係，她怎麼會不知道她這個小媳婦多「好」鬥陣？然而，婆婆卻選擇了一個高招的提問方式，逼得我不得不深度自覺地回答：「既然那麼多校長攏歹鬥陣，我自己就要檢討！」

檢討什麼？在轉換教學場景的當兒，祈願自己可以從柯林國小人見人厭的「土虱」（台語），轉變成讓竹林同事有求必應的「菩薩」。

外子常對人說：「我老婆的智商遠遠在我之上，她的創意點子源源不絕。」因為外子多年來對宜蘭縣特殊教育的無私指導，讓全國特教評鑑已經敬陪末座多年的宜蘭縣特教政績，一躍而為全國數一數二、甚至讓外縣市不遠千里來後山取經的輝煌成果，所以，我的「生命教育」「融合教育」的對話教學，連帶也有機會受到教育局上上下下的關注與支持。更讓我有了參與籌辦全國性大活動的許多因緣：籌劃全國第一個「跨校多元智能資優方案」、籌辦「九十五年全國身心障礙國民運動會」、接掌「全國視障學生夏令營」，以及退休後，依然被竹林請回協辦的首屆「全國自閉症兒童肯納營」。

我一貫的思維：「任何活動一定要和教學結合，不可以只是為了消化經費而已。」得到外子極力的贊同。所以，我是衝鋒前線的掌舵者，外子恰如其分地扮演後勤支援者：特教理念的傳授、特殊學生家長的心情照顧、師大特教系學生的志工承擔、募款資源的贊助分享……

在我發願讓自己從「土虱」到「菩薩」的一路上，外子真正是我能脫胎換骨的重要貴人。

點燃生命教育的熱情

九十五年，全國身心障礙國民運動會於三月二十三日在宜蘭縣揭開序幕。早在一年前，我就被宜蘭縣教育局邀請去召開這個全國性大活動的籌備會議。我猜是因為外子對宜蘭縣特教議題的關注與投入，而讓主辦單位想到邀請我參與。但我既不是體育專任老師，也不屬於特教領域成員，我能貢獻什麼呢？

第一次籌備會，我被慰留：局長希望借重我的創新點子，讓運動會的開幕式有些創新。我當場回覆邀請人：誠實說，我對幾分鐘的開幕式，沒有太多想法，倒是想，如果能藉由這次身心障礙國民運動會運動員「不向障礙屈服的精神」，點燃宜蘭縣中小學學生生命教育的熱情，才是我比較願意參與的出發點。

回家，把我的構想說給外子聽，得到他大力的讚賞。於是，為迎接這個主題訂為「愛的接力賽 蘭陽 HIGH 起來」的全國性活動，宜蘭縣教育局培訓了一群願意在對話教學中深耕的「生命教育」菁英教師。除了對「四層次提問」的意識會談法用心學習，也認真的在每月「菁英教師回娘家」的經驗交流中，分享彼此在各自校園中的教學成果。並且依約在運動會舉辦前，將各校開發出的生命教育對話教學心血結晶，編輯成《「體驗式」生命教育對話教學專輯》一書。

基於「課程是發展出來的」，生命教育課程更是無法依預定進度照表操課。可能是一個新聞事件；可能是一個偶發事故；也可能是一篇新發表的網路文章、一本新書或一部電影，只要善加構思，都可以和學生激盪出一段精彩的生命對話。生命教育課程組所延展的一系列對話教學，就是在這樣邊走邊修的對話建構歷程中進行著。隨時有新點子，隨處有新教材，多虧此次身障運籌備處幾位重要的靈魂人物對「體驗式生命教育」的價值與意涵有高度的認同，才能隨時接招，也才能讓空前創意的生命教育，在宜蘭化不可能為可能。

而因為竹林國小行政和教師們在「全國身心障礙國民運動會」參與的熱情，讓縣府很感動，又委請竹林國小承辦隔年的「全國視障學生夏令營」。我問外子：這樣是給認真辦活動的團隊鼓勵還是懲罰？外子哈哈一笑：「能者多勞嘛！」

我當然不會讓活動只是活動。必然要再次造成「珍愛生命」的運動風氣，要讓全國身心障礙國民運動會「愛的接力賽」所展開來的生命教育話題，繼續不斷發光發熱。

搭上六下國語課本「翠玉白菜」的課程計畫，我挑戰六信孩子：視障朋友能不能到故宮博物院去參觀？

於是，在外子的資源分享下，六年信班有了兩天一夜「與台北啟明學校」學生近距離互動的寶貴經驗。除了融入北明的教學活動及宿舍作息，還一對一領著北明學生參觀故宮博物院，想方設法，為視障朋友解說「翠玉白菜」的藝術價值。

愛的接力賽

我是在一波又一波的讓校長「充分授權、提心吊膽」的「全面接納」班級經營中，為竹林國小先後招攬來許多額外工程。回想加入竹林國小團隊後，四年接下的兩屆畢業班，都有讓家長忍受「遇到機車老師真無奈」的創新教學，卻也都是讓家長無話可說的「愛的接力賽」。「五孝，有你真好」和「五信，有信用」的班級經營願景，清楚地揭櫫了我的核心思想。

應該是血液裡一直就有的奮戰細胞，也可能為了證明「離開柯林是他們的損失」，我為了五年孝班「拚了」的勁兒，連外子都擔心我是不是有點兒躁進。

開學前，我就先把「五孝」教室打掃乾淨，還大手筆地為「教師準備區」舖了木質地板，讓孩子有一個舒適的閱讀小空間，也讓我在輔導孩子時，有一個比較溫馨的對話場域，並為這班孩子立了「五孝有你真好」的班級願景。

教務主任告訴我：「開學的第一週，會有一位屏東大學四年級的學生來跟您實習，OK嗎？」

我心中納悶，為什麼挑我的班呢？我是新來的，她能跟我實習些什麼呢？

原來，這個「大四一週」的實習計畫，真的是屏東大學特有的。這個大四女孩真的想從我身上學到教學的好方法。在短短的一週實習中，她分攤了我許多剛開學的雜務，也寫了厚厚的一本實習手札，還在她大五實習時，特意選了六孝來深度學習。那一年有她，我真是輕鬆愉快。

外子萬分得意：「還好妳的土虱特質調降許多，才能結好緣。」

我想，上天真的很眷顧我。在我非常捨不得揮別「柯林十八羅漢」那一班的心情下，讓我遇見了竹林國小五年孝班這麼多的好因緣，讓我在轉換教學環境的適應上一點困難都沒有。也許是上天看透我的年紀大，認清我的體力衰，竟在竹林國小其他師長眼中被視為「太活潑」的這一屆五年級中，特別揀選了一批心性比較穩定的孩子們和我結了「五孝的緣」。好多熱忱的孩子分擔了我初到竹林國小的陌生感。

出席五孝第一次班親會的家長，參與分享的熱情，可謂盛況空前。我祈願這些美好的發生，不是剛開學的蜜月期使然。但願未來的日子裡，可以一直熱情充沛的感謝著：「五孝有你真好」。

每天上班前，我會準備好導師時間要說的：五孝因為有誰的什麼言行舉止，而讓我想說「五孝有你真好」！讓每天都是在感恩的氛圍中，開啟一天的學習。

但是，並不是所有家長都全然放心我的教學模式。班親會上，就有幾位家長非常焦慮：「為什麼國語、數學沒有按照課本上的順序來上？」「考試要考哪幾課呢？」「您的教學方式，安親班要怎麼幫孩子復習啊？」

其實，這幾個問題在一開學發下課本，請孩子回家先預習第十三課時，就已在五孝教室引起軒然大波：怎麼不是預習第一課？

我不解：有這麼嚴重嗎？

我問孩子：「為什麼一定要從第一課或第一單元開始教起？」

「我們以前都這樣！」是孩子唯一能給得出的回應。

是不是我們都太習慣於過去的行事模組，而少了改變甚至創新的勇氣？面對班親會上家長的疑惑，我也同樣請家長思索「誰規定一定要按照課本上的順序來教？」幾位家長原本一臉納悶，頓時好似當頭棒喝，開悟似地睜亮雙眼——原來創意的激發需要有勇氣改變現況；在聽我對「課程是發展出來的」理念說明後，終於了然於胸，明白五年級四位老師為什麼要挑國語課本第十三課〈我，不是現在的我〉，開始竹林國小五年級的語文領域對話教學。

在快樂的學習氣氛中，我配合五下社會課的「史前遺址」，又轟轟烈烈的引導孩子發展出「跟著問題走」的校外教學。基於對「問題是創造的母親」這個哲學思想的信仰，我對這趟兩天一夜的跨縣市校外教學會出現什麼問題，總抱著「歡迎以對」的樂觀態度。雖然周校長說他支持老師的創意熱情，家長卻已經抓狂了！

我因而上演了一齣「哭倒穿堂」的戲外戲。

曾經最被我看好的一個「問題解決高手」奇特孩子，在這個主題活動進行的「問題解決」歷程中，一直展現出最高度的學習熱忱，也展露出最燦爛的學習神情，與過去對學科教材提不起勁兒的學習態度，真是判若兩人。然而卻因家長憂心孩子對此活動的過度投入，憂心他在學科成績「競爭力」上的輸贏，而毫無預警的在「台北行」出發前三天，強行把孩子轉學至羅東鎮中心的更大型學校。外子說：「無法實地體驗自己曾經用心參與的校外教學，對這孩子將是多深的遺憾啊！」

目送孩子抿著嘴、含著淚、搖著頭隨家長離開五孝教室的那一刻，我沮喪得幾乎要放棄推動多年的「給孩子帶得走的能力」的教育理念、也幾乎要放棄繼續對五年孝班的耕耘，還好有一群比較在乎孩子「未來」競爭力的家長，勸我要為了絕大多數孩子的需求著想；還好有一位懂得「爭千秋，不爭一時」的校長，激勵我要更努力帶好留下來的每一位孩子，我才有勇氣繼續深耕，也才能引領五孝走出有別於傳統班級經營的「體驗式」校外教學。

跟著問題走

究竟「校外教學」要教什麼？學什麼？

我真心相信五孝孩子有能力解決，有能力折衝，願意給孩子機會去面對問題的挑戰，也願意和孩子進行毫無預設立場的行動對話，整個「跟著問題走的校外教學」，從傳統以教師為中心的「教什麼，就學什麼；怎麼教，就怎麼學」轉換成以學習者為中心的「學什麼，就教什麼；怎麼學，就怎麼教」，果然引領五孝孩子發揮了每個人與生俱來的創造力，終而成就這趟真正由孩子自主發現困難，自主構想策略，自主解決問題的「體驗式」學習活動。

看著五孝家長也在校外教學中「跟著問題走」，我的內心五味雜陳。

一個身體孱弱的學習障礙兒，由媽媽陪著跟五孝同步調的優游台北兩天一夜，這媽媽的付出真令人感動；一個領有身心障礙手冊的輕度智障兒，單槍匹馬全程跟著五孝到台北學習了兩天，這孩子媽媽的「大膽」讓人佩服！一個被鑑定為「注意力不足過動症候群」的衝動兒，也能跟著五孝到台北逛了兩天一夜，沒惹出什麼大麻煩，這孩子媽媽的「放心」也是教人欽佩的！

不論什麼障別的孩子，不論多麼擾人的障礙，只要在五孝就讀，就可以隨著班級的活動同進退，不會被要求留置家中，也不會被另眼看待，因為不同樣態的所有「識」與「不識」的生命都可以在五孝受到有尊嚴的對待。

回首五年孝班一路走來的「生命教育」融入班級經營的系列創意教學，已帶動起孩子對生命本然的敬重、也帶動起家長「愛自己的孩子，也愛別人的孩子」的慈悲心，才能營造「用感恩的心，疼惜不同生命樣態的朋友」班級氣氛；也才能在兩天一夜的「台北行」參觀教學中，締造親、師、生相互激勵、扶持、關懷的生命共同體境界。

「有意見，不等於批評；批評，不等於反對；反對，也不要變成敵對！」是我用來修行親師關係的座右銘。特別五孝的家長多元化的需求，多角度的期待，更是上天賜予我增進「耐心傾聽」的好機緣。

就拿這次「跟著問題走」校外教學的家長回饋一事來說，五孝家長的心態就很多樣：有「反對派」、有「死忠黨」、有「焦慮型」、也有「高度自覺者」，更多「有內涵」的家長看出了這一次「跟著問題走」校外教學的教育意義，特別好幾位媽媽還能深度的指出這一個主題教學有待改進的專業論點。「向著陽光，陰影就落在後頭」「走過陰暗，才知曉光明的可貴」我用「感謝反對」的心情閱讀家長對這次活動的肺腑感言，深知在竹林的創意教學「德不孤」。

不一樣的班親會

聽說初到「竹林」的那一刻，我的每一個班級經營策略都被周校長欣賞在眼裡。我自己卻是在過了大半學期之後，才從其他行政人員轉述中得知我默默耕耘的「五孝」班親會，是校長經常人前人後稱許的一種班級經營模式。

「完美是行動的敵人」「問題是創造的母親」這兩句話，大概就是我經營「不一樣」的班親會而能得到家長支持的座右銘；「有感覺，才能感動人；能感動，才能帶起行動。」則是每一次召開班親會前我用力動腦筋的動力來源。

回想當時在構思舉開「六孝」第一次班親會時，正逢「艾利」颱風侵台的第二天颱風假，我一一打電話到每一個學生的家裡，一來、探詢是否每一個孩子在風災中都安然無恙？二來、提醒星期五必須返校讓老師瞧瞧長高了沒？更重要的是，借電話預告六孝第一次班親會將是「班級電影院」的方式，邀請全家大小出席「不一樣」的班親會，我心中盤算著，等開學日再發正式班親會開會邀請函。

如果只是一張「例行性」的開會通知，沒有議題、沒有議程，只徵詢家長出席或不克出席，很難讓家長「感覺」得出參加這次班親會的必要性，對於想帶起家長參與班級事務的行動力，就更別提了！所以，我習慣來一段深具感覺的「教學現場報導」，藉以喚起家長對孩子學校生活的好奇心。

六年孝班的第一次班親會由「五孝兩分鐘秀」揭開序幕。那是上學期綜合活動的總結評量，我引導孩子從「自我了解」，規劃出想與同學分享的兩分鐘成長秀。只要自己拿手的，什麼都可以秀！唯一要求的是，必須提交「兩分鐘秀」的企畫書，包括主題名稱、器材準備、場地安排、時間精測及自我提醒的表演注意事項。這個總結評量希望提升孩子解決問題的企畫能力。孩子們陸陸續續提出企畫書，即使平日習慣遲交、甚至缺交作業的幾個孩子，對這個「兩分鐘秀」也都躍躍欲試。

孩子的「兩分鐘秀」紀錄片贏得了滿堂彩，我順此和光臨六孝班級電影院的家長、來賓分享過去這一年最令我驕傲的「生命教育融入班級經營」教學成就。真正的成就不只在看到阿倫這個孩了從剛轉入五孝的退縮、膽怯，一變而為現在的自信、開朗；更大的成就在於看到整個五孝因為「發揮創意，讓愛傳出去」的一系列生命教育課程，讓孩子們懂得疼惜不同生命樣態的朋友與同學。

「全面接納」的對話教學

又是一輪的接新班。教育部明文規定：各級學校的編班，必須採公開作業的學生常態編班。這個訊息大大消解了我面對「人情班」的壓力。

剛到竹林國小，雖然人生地不熟，卻已經被許多有背景的家長卡位，讓我的前一輪「五年孝班」的學生都是出自來頭不小的家長身分，帶給我的班級經營頗大的考驗：說話要小心、給分要謹慎、作業要創新等等。當知道從新學年起，沒有家長的任何特權可以左右公開編班的規則，我是挺寬心的。就讓累世的因緣來安排師生關係吧！

不過，我卻意外接到輔導處的電話：「宋老師，要拜託您一件事，不管明天編班抽籤的結果如何，我們有兩個特需生個案要以『外加』的方式融進您的班級喔！」

當知道是哪兩個個案時，我想都沒想就答應了。

抽籤結果：我在竹林國小的第二個畢業班是「五年信班」。當場靈光爆破，為班級經營立了願景：「五信，有信用（台語）。」也立刻為開學日的導師談話定調：每天都對得起自己的生命信用嗎？做了什麼事，叫做「有信用」？做了什麼事，就是破壞了自己的信用？

因緣際會，五年信班擁有一系列「體驗式生命教育」學習機會。而被輔導室請託外加到五年信班的兩個孩子，也許因為已經知道他倆的學習特質，我對他們也就多一份彈性。每天提醒自己：「他不壞，只是有點HIGH；他不壞，只是愛作怪；他不壞，只是缺少愛。」

五信的孩子，在我自創的許多「全面接納」對話教學設計的引導下，倒也沒有跟我計較太多「為什麼他們兩個就可以」？

惻隱之心，是生命教育的源頭活水。上學期開學之初，走廊上一直傳來陣陣哭聲，來自一位三年級的愛哭小弟弟。為了讓五年信班能有展開「生命教育」的契機，讓我有機會和五信孩子談各種情緒的處理與各類障礙的面對，我和孩子們一同去了解哭聲背後的緣由，孩子們與生俱來的「惻隱之心」，竟因之源源不絕地被喚醒，也拉開日後五年信班一系列「體驗式生命教育」的延展性，也奠定了五信後來對隔壁班一位適應困難的情緒男孩，所樂意給予的更多接納。

五信隔壁五愛，有一位疑似妥瑞症的孩子阿丁，會三番兩頭走進五信教室找我，五信的孩子對此也都習以為常，好像「我」就是阿丁的校園媽媽。就連愛班出現亂象而引發阿丁的情緒失控時，兩班的孩子都知道：「趕快叫宋老師！」

我幾乎每天得跨足五愛教室三、四趟，除了安撫阿丁已然抓狂的情緒，還得指導兩班同學如何回應阿丁當下的失控，並教導愛班同學如何避免觸碰到阿丁情緒暴走的按鈕。

有一天，阿丁失手痛揍了班上一位全校都知道是「媽媽心中碰不得」的心肝寶貝，讓校長備受家長的質疑，甚至要求「這個」心肝寶貝要轉班。我終於和五信孩子談：「讓阿丁來咱們班讀讀看？」

但中年級與阿丁同班的一位同學說她曾遭阿丁拿抹布擦臉、拿掃帚打頭等，現在想起仍心有餘悸；其他孩子則紛紛提出個人的「寶貴」祕笈：有孩子說，如果阿丁要對誰不禮貌，他會勸誡；也有孩子說，和阿丁玩要有分寸，因為阿丁拿捏不準力道，萬一感覺到阿丁「好像」要抓狂了，就要趕快尋求老師的協助，千萬不可和他對衝。最令我感動的是另一個孩子提出的危機處理模式：如果阿丁還是失控了，找兩個人一人抓一邊，同一時間叫一個飛毛腿跑去行政辦公室找人來幫忙！

針對這些策略，五信沙盤推演了一段時間。且不管來日對阿丁能有多少助益，聽著全班把這件事當重要的一回事在討論著，我好欣慰我的五信孩子們願容難容。

討論結果：當阿丁情緒失控了，全班要鎮定以對，不可以有言語、肢體的挑釁，也不要驚聲尖叫；如果阿丁出現暴力傾向，由力氣較大的同學先從後方一人抓一手，但不可以讓阿丁受傷，先避免他的衝動行為傷害到同學；這時五信短跑健將要快速去找最靠近五信教室的四忠或五仁高大的男老師來協助，另一個田徑校隊隊員要到學務處報備，請求其他支援。

似乎五信已經準備好接受挑戰，不妨一試。我們都說：輔導學生要「順勢」而為。這也大概又是破天荒的一招：竹林國小「跨班級」輔導一位疑似妥瑞症、合併亞斯伯格的孩子。而在學年主任、輔導處主任，以及博愛醫院心智科醫師親臨診斷，在「醫療」「教學」雙方對話中，現任、卸任、級任、科任、行政、家長多方配合下，成就了一場個案輔導會議，希望帶給阿丁嶄新的學習生涯。

只是經過家長與五年級級任老師協商後，決定暫時把阿丁安置到五信的那一刻，竟引起科任老師們的恐慌。科任老師說：五信幾個過動的孩子，已經夠讓科任老師人仰馬翻了，再加個讓全校頭痛萬分的阿丁，課要怎麼上呀？

科任老師說的一點都不假。我決定和五信攤牌談「團體榮譽的維護」，希望藉由團體動力對所謂的害群之馬能有制裁效用。

我告訴五信的孩子們：「聽說有科任老師只要一想到要來五信上課，就開始頭痛！怎麼會這樣呢？記憶中，你們都不需要我大吼大叫的管你們呀，更重要的，我們班幾位特別需要被幫忙的同學，你們都照顧得好棒，究竟是什麼原因讓五信害科任老師這麼頭痛呀？」

全班靜默了大約五秒鐘，有同學鼓起勇氣發言，「有些人因為怕宋老師，所以在宋老師的課很乖，不敢搗蛋，科任課就敢亂來！」

「是誰？」

我長期鼓勵五信孩子從「自覺」來看問題，或許因此幾個穩定性高的孩子，便不會急著指名道姓揪出害群之馬。但大家還是面面相覷，慢慢地，才有人舉手承認。

「我好高興有人願意承認，代表有自覺，因為『自覺』是治療的開始，至少知道自己有狀況，可以比較容易對症下藥；待會兒再來探討『怕宋老師什麼？』再請班長轉告科任老師這些招數，幫助這三個人科任課乖一點。」我說。

我請那願意自首的三大巨頭各自寫下「怕宋老師什麼，所以上宋老師的課不會搗蛋」，有兩個人寫「怕宋老師告訴家長」。這好辦！只要跟科任老師取得連線，再透過「監察委員」督促，大概就可以減少科任老師的困擾。

其中一個同學寫「怕宋老師兇狠的眼神，也怕宋老師訂了一大堆班級常規」。他說每一種規定，他都覺得很累，時常感到喘不過氣來。好同情這個孩子！

做為級任老師，我經常感到極度的為難：「有效」教學最重要的關鍵因素不在教師個人學經歷背景如何、不在教師的專業領域能力程度，而在創造一個能讓孩子喜歡、讓孩子願意學的學習環境，無疑的，科任老師的班級經營也是極重要的。特別教授對象如「五信」般有著不同層次多元需求的班級，如果老師只靠一招半式就想闖天下，甚至還停留在自己當學生時代的單一講授，或仍照本宣科，我可以想像五信孩子上起課來的鬱卒與難耐的景象。

同情之餘，我請孩子給每一位科任老師一句建言，大家紛紛吐露心聲：「大家上課時會那麼吵，是因為你的課太枯操乏味，讓人上起課來很無聊。」「上課時不要一直放CD，可以多帶一些有趣的活動，一直聽CD感覺很死板。」「用說話的方式來教學，不要每次都是抄抄寫寫的。」「不要大吼大罵，可以用慢慢跟人說的方法。」「我希望您多跟我們玩一些遊戲，上課才會比較有趣。」……讀孩子的肺腑之言，我掙扎著：該不該把五信孩子們的真情告白傳閱給科任老師們？也遲疑著：能有什麼管道讓老師理解「順」勢而為的輔導功效？

五信孩子看事情可以這麼有建設性，也來自親師互動的良性作用。我喜歡從「激勵孩子自主學習」的動力，帶領孩子選擇自己的功課，也為自己的選擇負責任。

又一個機車創舉

讓五信「全贏」的寒假作業，就是一項機車創舉！

寒假開春以來，接到五信孩子的電話，第一句都是：「老師，我的水仙花開了。」不論男生女生、不管學業成就高低，每一通從電話那一頭傳來的都是喜悅的、樂於分享的、非常有成就感的語調，看來，這一項五信特有的寒假作業「又」激起了孩子極高的研究動機與意願。

回應「創造全贏班級經營」的指導原則，為了讓多元性向、多元智能、多元家庭背景的孩子有一個「健康、快樂、學習」的難忘寒假，我很用心的把這學期的課程經驗，調配下學期的課程計畫，作了一份「自選性」極高的五信寒假作業；回歸「五信，有信用！」的親師生默契，鼓勵孩子向自己的極限挑戰，也鼓勵家長督促孩子必須為自己的決定負責到底。

這真是一份最符合「自主學習」精神的寒假作業：

竹林國小五信寒假作業家長同意書

請和家長討論後，由家長勾選寒假作業內容：

☐ 水仙植栽觀察記錄（請家長每天簽名時加註日期、時間）。

☐ 每天一篇「新聞報導」（由家長評分給等第）。

☐ 每天一頁語詞聽寫（或硬筆字練習）。

☐ 國語文全方位實力養成習作簿（開學日全班共同訂正）。

☐ 應景——元宵節蔬果燈籠（開學日提到五信教室展覽）。

☐ 配合社會課程，參觀宜蘭縣史館（拍照留念）。

☐ 讀（ ）本中國文學小說，並撰寫「閱讀心得分享」。

☐ 每天做（ ）件讓家長滿意的家事。

☐ 擬寫下學期花蓮「肯納園」校外教學經費籌募計畫書。

☐ 自我期許：

1.

2.

☐ 家長加訂：

1.

2.

放假前，同一教學群的其他老師曾擔心會不會有孩子啥作業都不選？我說，如果那是他（她）和家長共同決定的，而且如果開學當天還能見得到這孩子健康、快樂的來學習，「Why not ?」

我把孩子與家長討論後的寒假作業自選結果做成一份統計表，不但找不到一樣都不選的孩子，還意外的發現平日稀稀落落回應五信家庭作業的那幾個「散仙」，多多少少都勾選了他（她）的幾項最愛，希望開學分享寒假作業成果時，別聽到這幾個孩子對自己「兩手空空」做的解釋是：「我不小心勾錯了！」

副學習／附學習

與學年主任金助老師帶著教學群共同研擬的游泳課，對我來說，得到了預想不到的、也是前所未有的「副學習」和「附學習」，是五年信班課程發展的額外收穫！

為了安排何到游泳池？如何安排課務？如何安置不下水的學生？如何給泳技特優的學生一個舞台？如何讓學生理解這不是一般遊玩性質的校外教學？當中林林總總的溝通藝術：與學生溝通、與家長溝通、與教學群同事溝通、與實習老師的指導老師溝通，最難的是與行政同仁的溝通，怎麼樣可以「說」清楚、「聽」明白，考驗著我「副學習」和「附學習」的溝通效能。

還好，「真心」「深聽」讓相關的人可以在「以學生為中心」的思考前提下，開拓出竹林國小有別於其他各校的游泳教學課程——騎腳踏車去游泳。在這當中，我尤其佩服五年信班互相激勵、互相扶持的種種畫面，讓主學習的「游泳」外，增添了極其可貴的「副學習」和「附學習」：

例如有同學家住得遠，不方便千里迢迢騎腳踏車上學，另一位同學就主動提供家中多出來的一輛腳踏車，連安全帽都準備好了；也有同學不會騎腳踏車，在「輸人不輸陣」的向上期許中，苦練了兩個週末假期，終於可以上路，其他同學就跟在後頭，隨時關心注意，互相打氣。每次要帶這麼一群「多樣性極高」的學生出門，總讓其他老師大嘆我的勇氣。也許是早在成班之初，五信孩子就清楚察覺到：「不可以傷害自己，也不可以傷害別人。」是五年信班絕對無可還價的最高指導原則，否則將被限制所有課表以外的「自由」活動。所以，每一次的校外教學，五信的孩子都非常珍惜自己能出遊的權利，不僅戰戰兢兢地照顧自己、也照顧別人，以免「丟」了下一次能與五信出遊的資格權。

就像這次的騎腳踏車去游泳，亞斯伯格的那個女孩已經不需要媽媽陪了，因為她已經完全信賴同學對她的提醒是出於愛她的心，她再也不反彈別人對她的指正；那容易暴怒的男孩，也在一次又一次的被勒令退出五信「自由」活動的懊惱中，記取「不聽好友言，吃虧在眼前」的教訓，出校外的他，往往要比在教室的他來得有規矩許多。

本是體育科任老師的事，卻因為教學群超越「游泳課」的學習內涵所構思的「全人」教學活動，讓游泳課不只是游泳技能的提升，更是「生命教育」另一層次的落實。

而我突發奇想「讓孩子走路上學」的機車點子，也讓許多家長憂心忡忡；更讓教書二十多年的我，第一次面臨學生出車禍的驚恐！

事情是這樣發生的：竹林國小校園所在地比較奇怪，緊鄰著羅東復興路的校門幾乎沒有腹地讓家長接送孩子，上學日經常像大停車場。校方用心良苦，宣導家長們改從偏門進、大門出的單行道接送路線。晴天倒也算勉強可通行，一遇下雨天，許多家長捨不得孩子淋一點兒雨，便紛紛把車開進校園內，於是，「大堵車」就成了竹林雨天奇景。

我三番兩次要求高年級學生：自己走路「進」校園，讓家長接送車在復興路上直行，避免車子進校園。絕大多數的孩子可以「被」威脅利誘，慢慢改變家長「非進校園不可」的習慣，所以，雨天大塞車的情形稍稍舒緩了些。

六下國語文第八課〈活得快樂〉，要孩子們注意身體的健康，適當運動當然是重要的關鍵。正巧教育部也呼籲家長教導孩子走路上學，也希望學校一起鼓勵學生，於是，六年信班開始實行走路上學。

有孩子提出：越區就讀實在太遠了；也有孩子反應：其實是家長不放心。我一一詢問：需要老師幫忙通知家長嗎？越區就讀的孩子說，他們可以請家長在前一個路口就讓他們下車；對於家長不願意放心的，則說他們要自己跟家長溝通。

其實，我的要求只是自己走進校門罷了。但實行的第一天，有六個小朋友還是坐著家長的車進校園，有的因為自己忘記說了，有的因為家長還是不放心，有四位則是因為下雨天，家長說危險，硬是要載他們進校園。雖然都很無奈，但都承諾明天一定自己走路上學。

實行的隔天，我才剛到學校停好車，發現校長匆匆忙忙，跑著出校門，只留一句：有學生被車撞了！

「啊！不會是六信的孩子吧？」我有一份不祥之感。我的手機響了，正是校長通知我六信的孩子出車禍。接著一陣忙亂：又是救護車，又是急診室；又是警察來問筆錄，又是醫院斷層掃描……路邊商家說，一部白色小轎車看到有學生要過馬路停了下來，沒料到後方摩托車可能沒「瞧」到正要過馬路的小女生。還好學生只是驚嚇過度，意識、動作都算正常，孩子的媽媽還不停地對我抱歉，說是她孩子不會過馬路，給老師添麻煩，一點兒都沒責怪我強迫孩子走路上學。

我著實為自己這樣自以為是的要求感到愧疚，還擔心著：六信的孩子會不敢走路上學。所以從急診室回到教室，我整整花了一節課和孩子談「過馬路的交通安全」。究竟幾歲的孩子可以自己過馬路？真是沒個準；家長要從孩子幾歲開始放手，也沒有一個定見。這次有驚無險的經驗，也許正可以給家長們另一個教養的思考空間。

體驗、省思、實踐

哲學家蘇格拉底說過的一句話，一直是我推動生命教育對話教學的核心價值：「沒有經過反思的生命，找不到意義。」

多年來，我運用恩師陳怡安教授自創的「意識會談」，除了帶領孩子們學習認知外，「體驗」「省思」「實踐」更是我與孩子們談生活、論人生不可少的教學策略；尤其正值叛逆期的「青春小子」，缺少對話的「獨白」，肯定會讓生命教育流為空談。

為孩子建一道「毅力」的牆——拒絕抽菸，是我對待進入青春期的六信，比較艱難的親師互動課題。畢業前的那幾週，我花了大部分的精力在進行「菸害防制」健康教育對話教學。整個竹林校園除加強角落巡邏，行政人員也繃緊大小條神經，隨時聞聞看哪個廁所有菸味？六年級教學群則睜大眼睛，時刻盯緊「登記有案」的兩支菸槍，何時從教室蒸發？離開教室後去了哪裡？跟哪些人在一起？

即使全校總動員了，仍發生校慶當天兩支菸槍瞬間不見的情形，據班長回報：他倆聯袂「上廁所」去了！我一聽就知道不妙，果然，只是失蹤短短五分鐘，就滿嘴菸味回來。

我真是氣瘋了！徵得校長同意，兩支菸槍分別得到懲罰：其中一個整個運動會都只能坐在司令台上，另一個回去班上「隔離」起來。坐司令台那一個菸槍學生的家長，執意要將孩子帶回家，我和校長等行政人員這次堅持要家長負起管教的責任，很清楚的告訴家長：縱容孩子抽菸，甚至讓孩子帶菸到學校來，學校雖然無權控訴家長的價值觀，但有絕對的義務保護其他孩子不要受到菸害的汙染。

教學群決定為其他的孩子築一道「防火牆」，我們緊急設計了以下的對話教學簡案：

一、首先以「抽菸者罹癌比率是非抽菸者的十到二十倍」的醫學數據警告孩子，並嚴肅的告訴孩子們，未成年就抽菸，腦神經的發育會受損，輕者只是自己受害，重者將危及下一代；二、接著帶領孩子試想抽菸同學的心理意圖，並預測自己幾歲會開始抽菸；三、寫一封信向家長預告自己的抽菸年齡。信中要說明自己可能在什麼情況下會接觸香菸、自己能不能抗拒同儕的誘惑、如果自己不想染上菸癮，會期待家長如何幫助自己？四、信末請家長寫下對「抽菸」這件事的回響。

隔天收了孩子的作業，讀了家長的回響，慶幸即使有令教學群頭痛不已的孩子及其不健全的家庭功能，絕大多數的孩子都還是深明大義，家長也還是有反思能力的！

清晨五點的畢業典禮

要規劃六年信班的畢業典禮，教學群再一次被我的機車綁架。

竹林國小缺了裝有冷氣空調的大型室內空間可以舉辦畢業典禮。使用現有的「中正樓」多元教室，悶熱且吵雜；利用室外校園環境，白天熱呼呼、晚間黑漆漆，還必須有雨天備案。

我又有怪點子：就在清晨五點舉行畢業典禮吧！應屆畢業生前一晚夜宿教室，留下「最後一夜」的難忘回憶。

恐怕最難忘的是校長、行政人員和其他同仁吧！這「迎接朝陽晨曦的畢業典禮」，又為我的機車行徑留下歷史性的扉頁。

曾經讓許多竹林人憂心忡忡：下一輪，這機車宋老師會不會選擇在半夜舉辦猶如幼童軍「夜間教育」的畢業典禮啊？

還好，校長已經宣布我的下一輪要換跑道了。

9

優雅自在換跑道

「永遠以對方（學習者）為中心」是我每一趟換跑道，都得以優雅自在的唯一祕訣吧。我只關心「如何圓滿愉快的教學相長」，至於對象的改換，從來不是我的難題。

換跑道，很難嗎？

對我而言，不就是遵循田徑場上接力賽的規則「不影響與賽者」而已嗎？何難之有？

許多人知道我在柯林國小帶完畢業的「九條好漢」，立刻接手新入學的「十八羅漢」，對於我是怎麼在高低年段間調整「教學指令」與「對話提問」，都很好奇。我不是藏私，也不是不想回答，而是真被考倒了！

「永遠以對方（學習者）為中心」是我每一趟換跑道，都得以優雅自在的唯一祕訣吧。我只關心「如何圓滿愉快的教學相長」，至於對象的改換，從來不是我的難題。

猶如外子的名言：當老師的，要講對方聽得懂的，不是講自己想講的。所以，當抱憾放下柯林國小低年段的「十八羅漢」，而甄選進竹林國小、接手高年段的「五孝有你真好」，我沒有換跑道的時差。

翻轉行政——讓家長選老師

每一回的換跑道，不論是「純科任」到「級任」，「純老師」到「兼行政」，

「六年級」到「一年級」，「低年段」到「高年段」，我都是滿滿的「新鮮加興奮」；不過，當事過境遷再回頭，聽到的都是：我讓身旁的同事壓力大到差一點要看精神科……

在竹林國小連著帶兩屆的畢業班，聽說輔導室已經在打我的主意：下一學年可以交託外加哪幾位五年級的特殊生到我班上。這時，校長放出風聲：考量宋老師的膝蓋退化，不宜爬高樓層的教室。所以我得換跑道，接中年段的三年級。

我第一時間的心情是：「都好！」沒幾天，我被校長召請到校長室：對外，以您的膝蓋為理由，事實是希望藉您的創意點子與教學熱情，活絡中年段的教學氣氛。就這樣，我忽然多了一道使命。還好同樣被安排到三年級的同事，都是理念接近、有彈性、好相處的認真老師。

我翻轉行政的第一個念頭是：讓家長選老師。

在前一輪的五年級升六年級時，我和當時的學年同事「搞」了一個創新教學：「微調轉班」。雖然在暑假中舉行的「五升六學生微調換班」說明會後，我的五信孩子有一位提出申請，外子問我會不會有面子掛不住的難堪？坦白說，不能說沒有，但有更多的輕鬆。因為這孩子的家長一直對我在五信的班級經營說三道四，如果沒有讓孩子換班級，親師之間恐怕會有更多預想不到的溝通難題，我也很感謝仁班老師願意接收這孩子。

這個「空前」的換班模式，給了升上六年級以後的我們這個教學群更多的自在。我們教學群也在茶餘飯後聊著：如果一開始的編班，就是由家長來挑老師，不知道可不可行？我分享了自己在龍安國小和家長會長的一段沒結果的公案：

當時的龍安校園，瀰漫著一股極不尊師的論調：「中小學老師免納稅，所以薪水是家長納稅錢『養』的。」有一群龍安的家長一直在醞釀「讓家長選老師」，以便淘汰不適任教師。

我因為愛跟家長抬槓，所以有這麼一段不夠自謙的反問：「站在家長的立場，我也很贊成可以讓家長為孩子選擇老師。可是，站在老師的立場，我就會擔心像我這麼優秀的老師，一定會讓許多家長想把孩子放在我的班級。到時候，誰可以進我班？又該由誰來決定哪一個家長可以優先選擇老師呢？」

時任大學數學系教授的家長會長，肯定沒料到我會「自我感覺良好」到敢這麼不要臉地提出這個大哉問。但我想的就是，一群恐龍家長只會給點子，完全沒顧慮到教育行政推動的可能性；所以到現在，還沒有哪一所學校，敢開放讓家長選老師。

我之所以會邀請三年級的教學群探討這個新挑戰，是因為一個「很痛」的傳聞：聽說行政端在六月中旬一公布下學年三年級的級任老師後，校長室立刻出現一群焦慮的二年級家長，紛紛要求校長要換掉三年級中的「宋慧慈」。聽說賴校長當時的態度很硬，即使面對家長威脅的「集體轉學」，也不改公告內容。於是，竹林國小在那個學年結束後，真的上演一齣轉學潮。

偏向看熱鬧特質的同事，居然來恭賀我們即將接任三年級的教學群伙伴：恭喜呀！最不好剃頭的那些家長都離開竹林了！

我把同事的安慰當「戲言」，轉學潮的壓力，讓我在電話中委屈地哭給外子聽。外子只簡短地留一句話給我：「成長，是不斷的把幻象打破！」

是啊！我必須拿掉自己是創意教學特優老師的「尊」容，也透過自我提問與〈驢子和枯井〉這個故事對話；清楚照見鋪撒在我肩膀上、企待抖落的沙，叫「自以為是」。

在外子的安慰中，雖然初聽到「轉學潮」那會兒的壓力已稍稍緩解，但隔天找教務處行政人員談「讓家長選老師」的策略步序時，註冊組長一句「如果都沒有家長要選妳呢？」卻徹底打敗了我！

原來我在竹林同事的心目中是如此垃圾？原來我拿到那麼多創意教學特優，都是 nothing？

感謝外子陪我看到自己的優勢，也陪我認知應該容許別人有他們的見解，更鼓舞我要溫柔的繼續堅持做對的事。最後外子勸我：就讓老天來安排吧！

我暫時放下「讓家長選老師」的念頭，但對於當時進校長室抗議、後來卻沒有轉學的孩子，會不會編入我的班級，我是挺忐忑的。外子要我別去追問，一切隨緣。

抽中「三年愛班」，我仍好奇有哪些孩子本來打算轉學，還是外子勸我要回到作為一個老師「就該全然接納」的教育心：每天都用新的眼光看待每一個孩子，給家長、給孩子、更給自己不間斷的新生活。

「機車教學」風格

「三愛，愛自己、愛朋友、愛自然」及「四愛，四處都有愛！」是我在退休前帶的最後一個級任班級。我為這兩年勾繪了很吸引孩子和家長的班級願景，也在每一次的事件發生後的親師生對話中，不離願景的引導孩子回到「如何做自己的主人」，並點燃班級的團隊熱情。

暑假上演的那一波轉學潮，無疑的，我就是一個機車老師！不過，我謹記外子對「機車」二字的詮釋：有創意、能執行。但，外子也語重心長的要我顧及到家長在教養子女上的「有限」。

「學校存在的目的，就是彌補孩子在家庭中疏漏的；如果家長能教好孩子，何必送來學校？老師的專業，就是引領家長看到教育的可能，而不是怪責家長的不是。」外子再一次叮嚀我：「沒有哪一個孩子會故意做錯，面對孩子的出錯被罰，老師要在『因』上面找方法；沒有哪一個家長願意生一個一天到晚被投訴的孩子，學生犯錯，老師要能與家長的挫敗同在，親師一起擬定讓孩子能回到正軌的策略。」

側面聽到同事說家長會害怕孩了被編到宋老師的班級，主要是從過去兩屆畢業班的爸媽口中獲知：宋老師的作業，孩子要花很多時間思考，甚至連安親班都無法指導；宋老師配合課程發展出來的各種活動，家長要花很多時間陪伴孩子共同完成……反正就是「機車」兩個字啦！

外子溫暖鼓舞著我：「學習觀世音菩薩的『應以何身得度，當現何身』，就像妳最厲害的、總能為孩子量身訂做課程標準一般，去接受家長就是『一樣米養百樣人』。」

於是「機車教學」風格仍在，對家長的多樣性，我有更寬廣的接納度。特別是一開學就嗅到對我有質疑意味的幾位媽媽，我敞開心胸聆聽她們的焦慮。

開學後某個週三下午，我剛批改完數學練習簿，一位精明能幹的媽媽走進教室，以急躁的語氣述說她剛經歷了一場家庭風暴：女兒在寫數學作業，爸爸想要指導，女兒不依，說老師是這麼教的，搞得父女倆的關係很不祥和。

我問：後來孩子能自己解決嗎？

媽媽說：從讀了三愛後，女兒變得很有主見，都不讓家長過問作業，但看在父母眼中，很不放心！

我不知道這麼棒的孩子，家長有什麼好不放心的？順手翻了剛剛批改完的數學練習簿，攤開這女孩考一百分的事實，我問媽媽：你們在擔心什麼？

媽媽問我關於女孩上課的情形？我說很投入啊！媽媽沒多說什麼，卻是帶著笑容離開三愛教室。

在漸漸感受到三愛的家長不如傳聞中的「怪獸」「恐龍」般難伺候，更重要的是上天又賜給我陣容堅強的班親會召集人及各組幹部，所以，我的「機車教學」一道道展開來。

例如「三愛太魯閣一日遊」正是一大機車：絕大多數選擇到花蓮進行校外教學，大概都是「海洋公園」一遊；三愛的「太魯閣一日遊」，卻是為了配合國語〈太魯閣寄情〉的體驗式教學所安排的教育參訪，令許多學校的老師和家長都羨慕不已。

又或是「自製蔬果燈籠慶元宵」，讓三愛孩子們自製蔬果燈籠，並相約元宵夜到竹林校園提燈籠，是許多孩子的第一次體驗，如：第一次拿刀切蔬果、第一次自己動手做燈籠、第一次雕刻蔬果當燈籠、第一次在晚間逛校園，幾乎包含家長在內，都是第一次到學校提燈籠，特別是開學「後」才遇到的元宵節，能提著自製的蔬果燈籠逛校園，是多麼的難得呀！

創意，常常來自一個瞬間閃過的念頭。這樣的一次創新教學，來自開學前我在規劃語文領域課程內容時，瞬間閃過的一個念頭。於是，有機會欣賞到孩子們製作蔬果燈籠過程的專注、有機會瀏覽到元宵當晚竹林校園點點燈籠的美妙夜景、有機會閱讀到孩子不同的「第一次體驗」作文，還真要感謝自己常常閃過的創意念頭，可以因為家長的支持而被實現。更要感謝「老天有眼」，接連幾波的寒流，夾帶著濛濛細雨的濕冷天氣，竟在元宵節當天一大早，就讓太陽公公出來提振孩子做燈籠的動機，也普照了校園陰濕的積水地帶，讓三愛十六個家庭的親子自製蔬果燈籠慶元宵，既安全又歡樂。猶如許多孩子在作文中所寫的：今年的元宵節，真令人懷念！

而「遇見小天使的兒童節」需要更大量的家長協助交通接送，我邀請許多家長協助配合；三愛「第一次近距離」服務聖嘉民啟智中心院童的心得分享，更令人感動：

★調皮搗蛋的小天使

前幾天，老師發通知單要我們計劃怎麼照顧我們的小天使。我所指的小天使，其實就是聖嘉民殘障的大小朋友們。我本來想要陪他玩球、讀書，最後媽媽又想到了一個方法，就是和他一起畫畫。

到了聖嘉民啟智中心，第一眼看到我要照顧的小天使「小恩」時，我覺得他超可愛的，然後我們就把小恩帶進愛麗絲班，我先和小恩玩球，他一直丟，我們就一直上氣不接下氣的撿球給他玩，然後，我要跟他畫圖，他說「幫我」，我的手馬上伸過去握住他的手，陪他畫一個個龍捲風，我覺得他對畫畫沒有很大的興趣。

後來，我們就陪他騎腳踏車，他一直騎，我們就一直追，小恩有時候還會邊騎邊丟球呢！接下來要跳舞，調皮蛋的他，在跳舞時一直亂跑，可把我們累壞了。

可是我覺得這點累不算什麼，我們有能力幫助他們，讓他們也變成有用的人，這樣子世界就會更美好。

★一直跑的小天使

今天老師安排我們去聖嘉民啟智中心照顧一些和我們不一樣的小天使，我和憓憓、哲哲一組。我們這一組小天使的名字叫做小宇，他是一位過動又自閉的小朋友，所以不喜歡和別人互動，雖然他可以發出聲音，但不會言語，因此照顧他對我們來說有些困難。

一開始聖嘉民的老師說可以帶小宇去散步，我和憓憓就牽著他的手，哲哲在後面跟著我們，但是小宇他邊走邊跳，轉彎的時候一不小心跌倒，屁股坐在地上，我們趕快把他扶起來，但他依然邊走邊跳。接著聖嘉民的老師帶著我們一起律動，小宇偶而搖動身體，完全沒有跟老師的動作。然後宋老師要我們帶著小天使去會議室一起玩，小宇到處跑來跑去，我們就在後面跟著他，有時候他卻坐在地上發呆，我們也只好坐在地上陪著他。最後回學校的時間到了，我們就把他送回教室，跟他說再見。

這次的活動讓我們知道：照顧這些小天使不但要有體力，還要有耐心，也讓我知道健康很重要，有健康的身體能自己照顧自己，不用爸媽擔心，下次如果有機會希望可以跟這些小天使玩。

★「歪來歪去」的小天使

因為今年的兒童節和清明節都是在國曆的四月四日，因此今年的兒童節放假一天。宋老師為了要幫聖嘉民的小朋友慶祝兒童節，所以選在前一天帶三愛的同學去陪他們過兒童節。

本來看了老師發的「小天使症狀單」後，我為了會發出聲音，但不會講話的小婕準備了好看的故事書和好玩的玩具，但是到了聖嘉民的愛麗絲班後，我看見和我想像中完完全全不一樣的小婕，她的頭連要動一下都很困難，還經常會歪來歪去的，所以我帶來的書、玩具和鉛筆⋯都派不上用場。只好跟她玩一、二、三「哇！」一、二、三「嘿！」的這類遊戲。

我們玩了半個多小時後，小婕好像累了，我就放慢推車的速度，讓小婕在推車裡睡了一會兒，我們則在推車旁邊守候著她。時間一分一秒的過去了，到了要回學校的時候，我們還是捨不得叫醒好夢正酣的小婕，當我把她推回愛麗絲班時，小婕醒了！看到她捨不得的表情，我心裡想：「不知道明年再來的時候，她還記得我嗎？希望明年還能和她共渡兒童節，如果她能來我們家玩，住個一百天我也不會介意⋯」。

★安安靜靜的小天使

前天，老師帶我們去聖嘉民啟智中心，照顧愛麗絲班的小朋友。我們班共分成九組，忞忞和老師一組，我和皓皓、陽陽一組。

我們負責照顧小庭，他是個男生，會發出聲音，但沒有語言，會自己走路，不常與人相處，可是我們照顧他時，感覺小庭聽不太懂我們在說些什麼，但是又想告訴我們什麼，可是說不出話來，靜宜老師告訴我們小庭的症狀，他是得水腦症，所以才會這樣。

最後我們教會他自己坐下，自己走上坡，和翹腳。後來我們要回去了，老師說：「可以跟小天使一起拍張照，做個紀念。」拍完就帶著小天使回愛麗絲班，那時我們就回去學校了。

不適任的老師

來到竹林國小，一直被當笑話說的是：前後兩任校長對我的機車教學，都是「充分授權，提心吊膽」。三愛要升四愛時，有一個換我提心吊膽的大難題：我遇到無法認同的自然科任老師「石老師」。

為什麼當時一聽到他是我們四愛的自然老師時，我會那麼害怕？因為他在學校已經被貼上「不適任教師」的標籤。上課經常會跟學生起衝突，幾乎每個月校長都要打報告到教育局，處理他這一個月跟學生之間的衝突……所以我一聽他是我們班的自然老師，我就先提心吊膽。想到前兩屆，他上我班級的本土語課，經常上到跟學生吵架——連本土語課都有辦法上到吵架，自然課可怎麼辦呢？

所以，在暑假備課時，一聽到石老師是我們四年愛班的自然老師，我立刻一通電話打回學校，請排課的老師接電話。這位排課的教學組長，就是我帶三年愛班那個時候的四年愛班級任老師。

電話一接通，我就跟他說：「你難道不知道今年我的四愛不會輸你去年的四愛嗎？」

全校都知道我這個四愛說有多挑戰就有多挑戰。接手三年愛班，全班有二十九個小朋友，男生十九位，女生十位。男女比幾乎是二比一。更挑戰的是：十個女生裡面，有兩個等於男生，一個是亞斯伯格，另一個是過動兒；十九個男生中有五個是鑑定的「ADHD」（注意力不足過動症候群，就是「過動兒」），這五個過動兒中，有一個一大清早醒來要吃一顆長效型的「專思達」，讓他可以專心一整天；第二個過動兒，早上跟中午各一顆白色的「利他能」；第三個過動兒，早上吃利他能就好了；第四個過動兒，考試那兩天吃藥就好了；第五個過動兒不吃藥，因為家長擔心那些藥物有副作用……

除了這五個已鑑定的過動兒，還有一個男生，因為家長還沒準備好要面對，我不能勉強他去接受鑑定，只能尊稱他為「衝動兒」，挑戰教學的狀況不輸給那五個過動兒。

料想教學組長對從去年的三愛升上四愛這一班的狀況是心知肚明的，但他說他也沒辦法，要我去問教務主任；教務主任也回答：「這也不是我能決定的！」我只好找上校長；校長說沒辦法，因為已經公布了！

那個傍晚我心很不安。但後來自己稍微寧靜下來想：我總要克服啊！儘管學校已經表示確定不能夠改了，我這個級任老師總要做一點事情啊！我當下決定自己打電話給石老師。

石老師對我的電話並不驚訝，原來校長已經告訴他了。他說：「校長說以後我上自然課，你們班的家長都會來看我上課。」

天哪，怎麼會變成這樣？我急著說：「不是！不是！我不是這個意思！」

石老師反問我：「那妳到底在怕什麼？」

那瞬間，我發現我一直都是情緒在作祟，我一直被情緒帶著走，我真的沒有仔細評估過「我到底在怕什麼？」我只是聽到「石老師」這個名字，整個焦慮的情緒就起來了……

深呼吸後，我在電話這頭有點兒結巴地說：「石老師，我是有發現以前您上我班的本土語，您很容易被學生激怒。」

石老師很快承認：「我也知道啊！」接著他講了第二句話，讓我覺得很抱歉，「我也不想這樣啊！」

我瞬間明白了：「他也知道」「但是他也不想這樣」「可是誰真正去幫助過他？」

身為多年同事的我們，都認為他不適任，都祈禱著他最好不要來教自己的班，只是把他隔得遠遠的，或者就派給他跟學生比較沒有互動的行政工作……到底誰能真正站在專業的需求，去幫助他能有專業的成長呢？

那天掛了電話以後，我問自己：除了跟其他人一樣的把他隔絕在外，我還可以做什麼？我一再問我自己：究竟還可以做些什麼？

我決定要做一件過去沒有人想到的事情：點燃我班級學生的學習熱情，學習怎麼跟這樣一個容易被激怒的老師相處……

隔天開學，我習慣在開學日和孩子介紹今年的科任老師。講到自然課，四愛學生脫口而出的名字，是三愛那一年最受學生歡迎的科任老師。我說不是，性急的孩子追問著：到底是誰？一聽我說「石老師」，整個教室接近哀鴻遍野。

一個孩子馬上喊了一句「死定了」，我問：「你為什麼這樣講？」他說出去年只要聽到隔壁的四年愛班有爭吵聲，我就得趕快跨過去四愛教室去協助安撫，免得繼續把石老師激怒。難道我忘記了嗎？

我說我沒忘記。但我又問：「今年的四愛跟去年的四愛一樣嗎？」

孩子們異口同聲、且斬釘截鐵地高呼：「不一樣！」

我接著提問：「哪裡不一樣？」可能是去年的「三個愛」中毒太深，多數的回答是：我們三愛都是愛自己愛朋友愛自然！

我接著說：「所以，也會愛這個石老師？也會愛這個自然課嗎？」除了肯定每一個孩子過個暑假都會不一樣之外，我也開始點燃孩子要投入在「四愛，四處都有愛」這個班級經營願景的團隊熱情。

我告訴孩子們：「如果每一次上自然課，你們沒有讓石老師生氣，你們就可以貼一塊拼圖；等到拼成一個圓，老師就請全班吃披薩。」

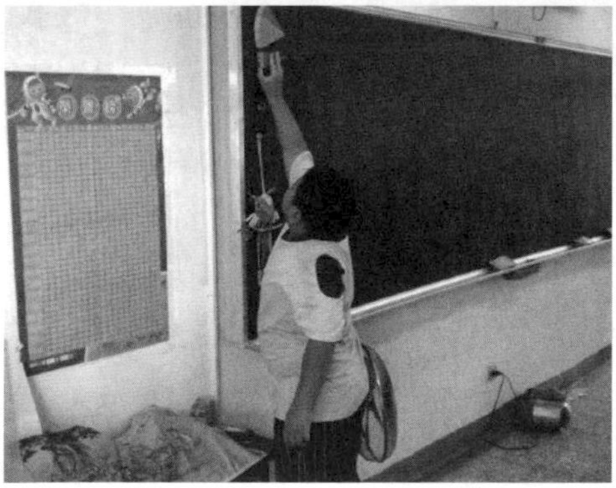

孩子貼拼圖

開學後上自然課，我不太敢離開我的教室，我得用我的眼神幫忙石老師管秩序；難免宋老師有緊急的事情要去辦公室處理，我也鼓勵孩子們：如果宋老師不在教室陪你們上自然課，那一節課石老師也沒有生氣，一次就有兩塊披薩。

重賞之下，必有勇夫！

有一天，我看到令我發笑的事件：

自然課，我留在教室批改簿子，那位前面曾提到過了暑假已經不一樣的男生，每次他一見石老師說話吞吞吐吐、不順暢的時候，就會不舒服，就想要跟石老師爭論。我正擔心著石老師會被他激怒……同時就看到一個很可愛的動作：旁邊女生拉他褲子說「坐下來，披薩！披薩！」

就這樣，一年的自然課，這對原本最讓我掛心的師生，竟相安無事。

除了這個屬於是團體動力的策略之外，我還做了一件事情：我讓每一個學生寫「自然筆記」。一本簿子攤開來，左邊學生要記石老師講些什麼；右邊就寫三段小祕密，一段給石老師、一段給宋老師、一段給孩子自己（如左方照片）。

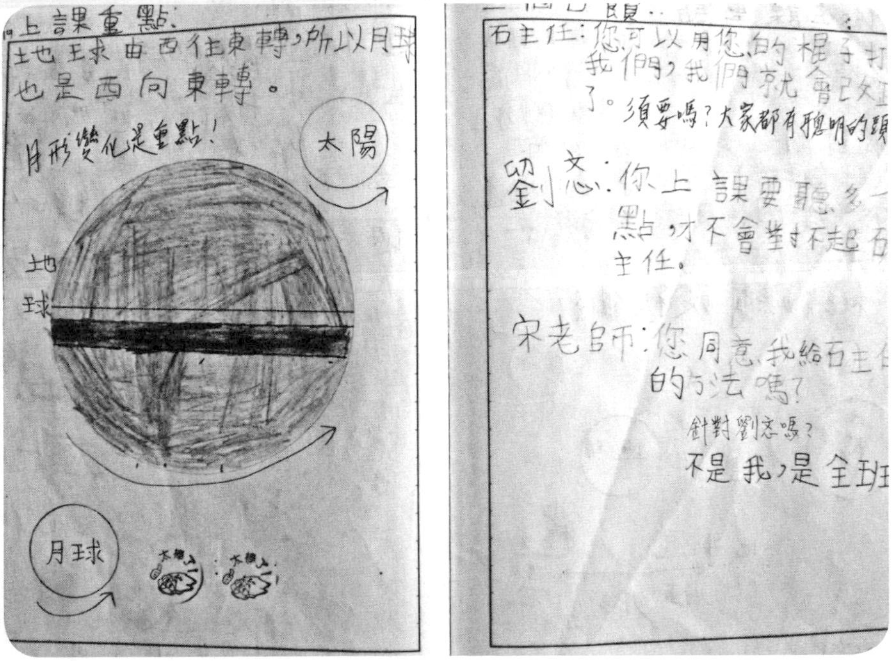
上課重點:
地球由西往東轉,所以月球
也是西向東轉。
月形變化是重點!
太陽
地球
月球
石主任:您可以用您的棍子打
我們,我們就會記
了。須要嗎?大家都有聰明的頭
劉忞:你上課要聽多
點才不會對不起石
主任。
宋老師:您同意我給石主
的方法嗎?
針對劉忞嗎?
不是我,是全班

自然筆記

四愛孩子用這三個「感」去寫這三段小祕密，都寫得好有感！可是，自然筆記我不會批改，我跑去辦公室找石老師，麻煩他批改左半部自然筆記。這其實等於是我額外給他增加的工作，沒想到他竟然願意。

我對石老師說：「我明天會送您一個章，您只要一眼看到寫得很好的筆記，您就蓋三個章；寫得還不錯，您就蓋兩個章；只要有寫，最少蓋一個章。」我還分享成績的簡單計算方法：「整個學期結束之後，您只要讓學生自己數一數總共有幾個章，您的平時成績就算出來了。」

石老師好高興，他說從來沒有人教他平時成績這麼好算的。

以下來閱讀幾張四愛學生寫的特色筆記：

暴牙男筆記

這個孩子得到兩個章，代表石老師有他個人的標準，不是印章拿著亂蓋的！所以，他並非是不適任教師。

這份，就是那個都會衝下去喊「出事了！出事了！」的暴牙男。

來看這個孩子給石老師的悄悄話：

他寫：「我今天看到您的時候，我覺得您會罵我們，還好您沒罵我們，真是太好了，希望您以後也不要罵我們。」

紅色的字是石老師寫的，他說：「希望自我要求，老師是很少罵人的！」

很有趣的師生對話吧？

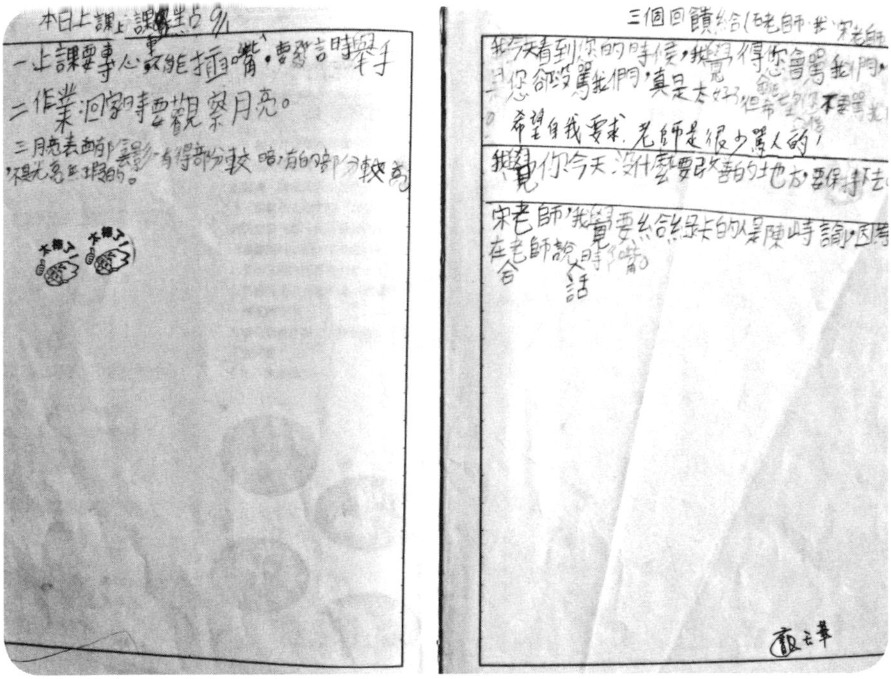

圖文並茂

看！這樣的筆記記錄得多好啊！

這個孩子的三個悄悄話，是用「郵局」的方式來處理的，而且這個家長多麼用心啊！都能參與在孩子的學習中。

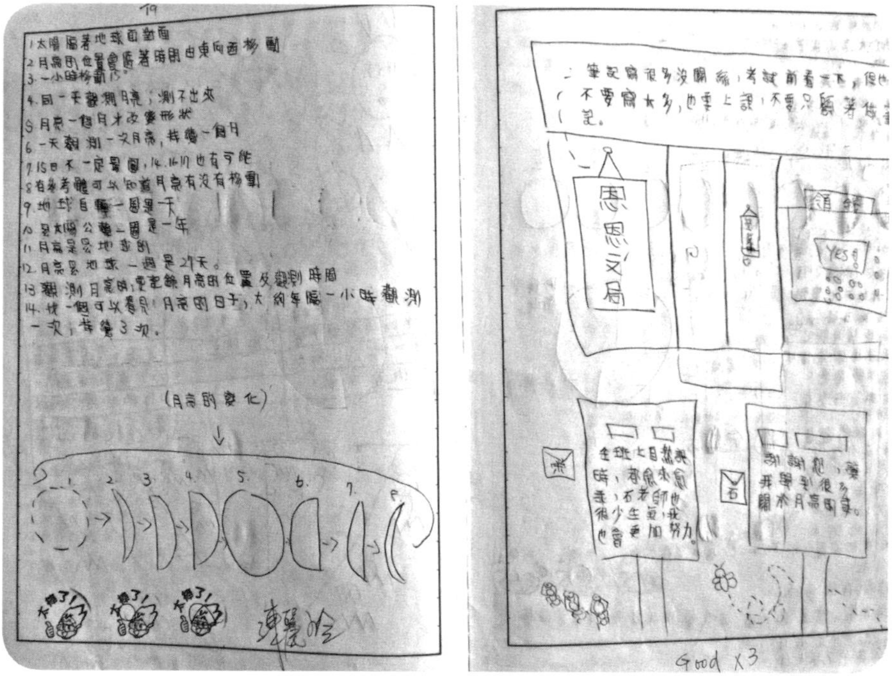

師生對話

最棒的是在這一段，他們那個時候正在觀察月亮的規律變化。

仔細看「給石老師的悄悄話」：

孩子說：「石老師，我們今天又多了兩塊哦！因為您沒有生氣，我們也很乖，對不對？祝平安！」

石老師回答：「對！」

然後，這個學生拿到筆記簿看完，還繼續跟石老師對話：「我就知道！」

師生已經在進行「營造和諧共同體」的對話了呢！

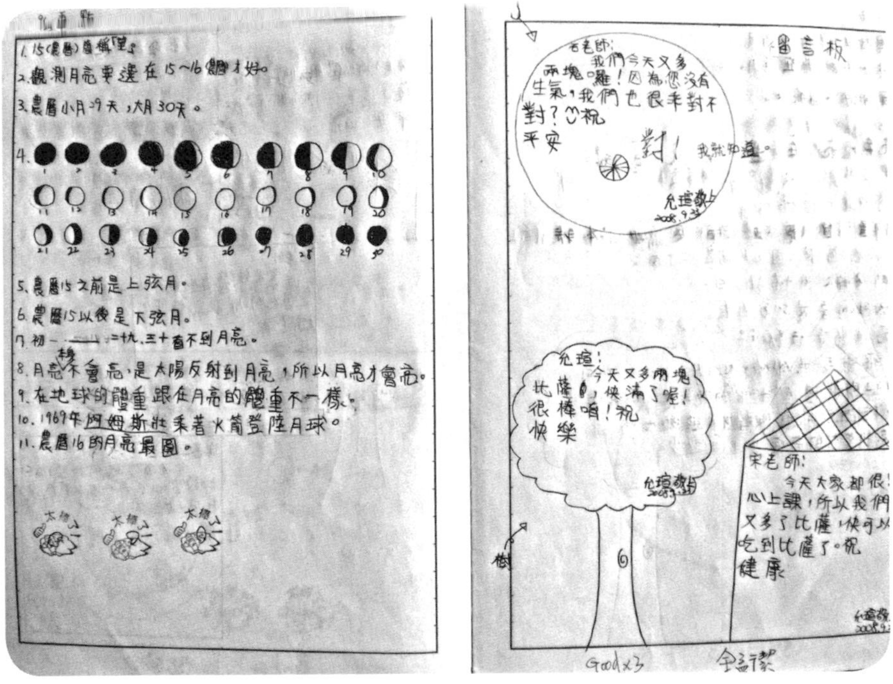

悄悄話

你看石老師真的有他的標準。不過，石老師有時候會熱心過度！
這一段明明是寫給學生自己的悄悄話，石老師也要批改？
孩子說：「今天上自然課，有人吵鬧，我還虎視眈眈～」
石老師問她「為何虎視眈眈？」
孩子說：「因為我沒勸別人不吵鬧。」
多可愛的對話，是嗎？

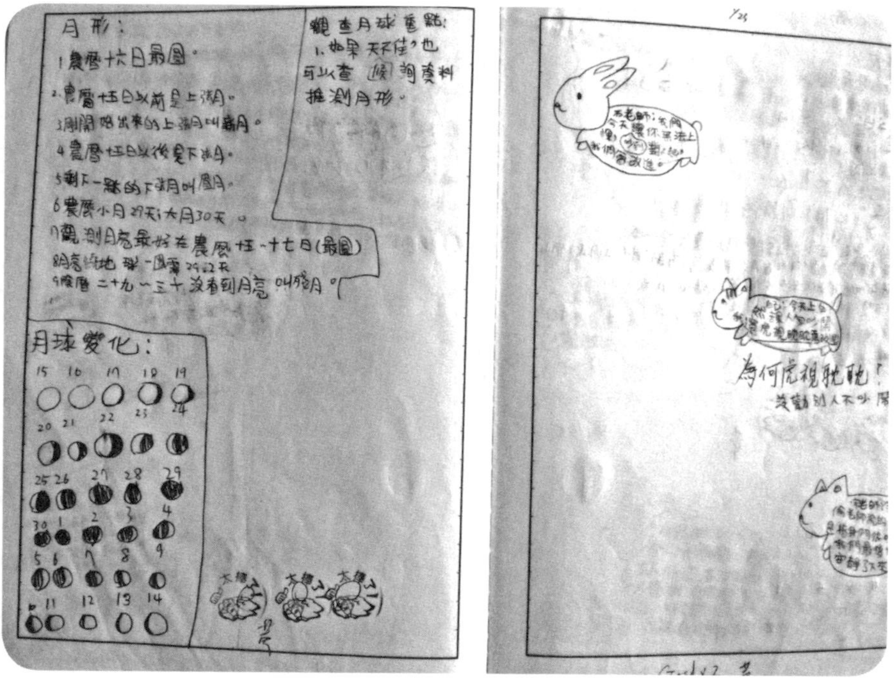

小祕密

下面這份，是我們四愛第一名的孩子：

她的筆記只有寫了一點點，石老師也就給她兩個章。

再一次印證：石老師並不是憑舊有印象，就給她三個章唷！

來看這孩子給石老師的小祕密，好可愛唷！

「我覺得您上課生動有趣，不過您一句話要一直重複，因此我差一點睡著。」

石老師還問她「哪一句？」

這個第一名的孩子認真的回答：「烤肉架放在磁片上會掉下來那一句。」

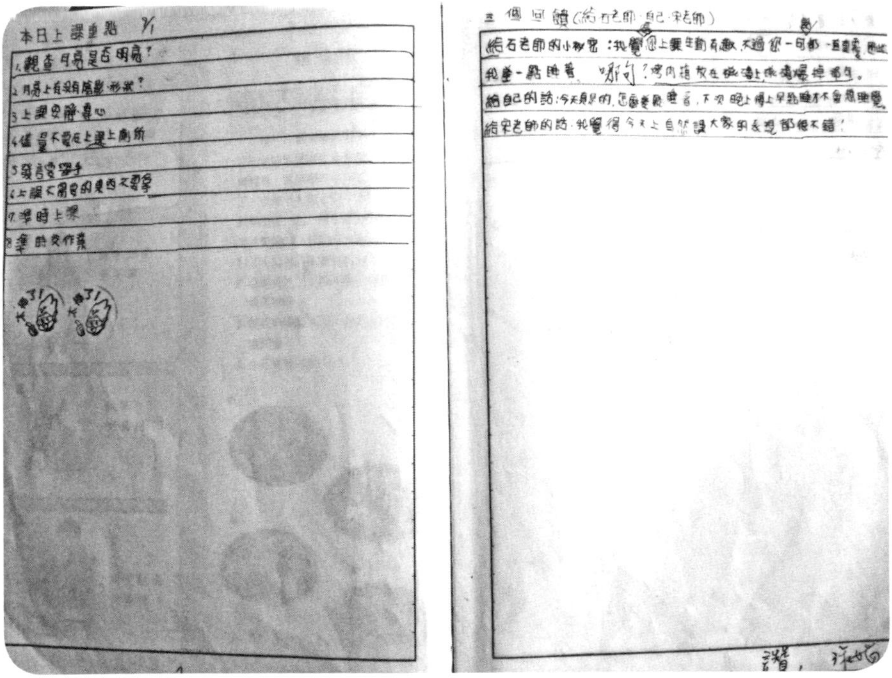

所以，「石老師想不想改進呢？」毫無疑問！可是，為什麼過去他教的班級沒有機會讓他改進？我認為除了創造師生對話，還有很重要的是：老師有沒有讓學生參與跟體驗？有沒有讓學生一起來經營整個班級？

學期中某天，我比較放心讓四愛在沒有我的眼神陪伴下，自己上自然課了。石老師進來我的教室要上課，我跟他交接後，就下去辦公室。但我居然看到石老師把手推車推上二樓教室，接著又扛了一輛腳踏車，直接扛到午餐台上面。

我瞬間傻眼，接著一陣感動，原來他那一堂課要上「齒輪」。雖然出版商附了很多的影片，能夠把影片放給學生看的自然老師，已經算非常了不起了，但像石老師這樣直接把腳踏車扛上樓，直接轉給學生看大齒輪轉一圈，小齒輪要轉幾圈，這樣的老師是值得給掌聲的。

那一年自然課結束，我的四愛和石老師相安無事。每次要分享這一段，我都經過石老師的同意，他自己也說，他的教學生涯有很大的轉彎，就是在遇到四愛的時候。我很高興自己帶領四愛，幫石老師重新找到他的教學熱情；也幫我的學生重新看待生命可以有不同的激勵方式。

雖然我總共請了兩次披薩，但我是非常甘願的喔！

全國最老的生教組長

關於我究竟要選擇什麼時間點退休？我和外子有過許多次的討論。外子提議我交棒完四年愛班後，再帶一屆兩年的班級，正好在民國一百年轟轟烈烈退休；可我自己傾向滿五十歲就退休。最終，外子認為民國九十九年退休，「九九」二字也很吉祥，就批給了我一個流暢的「可」，並祝我「幸福久久」。

於是，基於只有一年任期的考量，就只能接後母班或是科任兼行政，因為如果只帶一年的班級，以我的機車行事，會很為難接我後一年的老師。

五月中的「下學年意願調查表」，我瀟灑地寫著：為感恩竹林給了我極大揮灑的教學空間，在最後一年的竹林教學生涯裡，全然尊重學校行政的安排。

因為沒聽聞將會有後母班，校長居然打算要我任教資源班。外子知道後，期期以為不可。「以妳不輸本科的特教知能和靈活適切的教學創意，擔任資源班老師，絕對綽綽有餘；但是，妳沒有特教老師的牌照，去跟賴校長說，特教評鑑時，竹林國小會被噹得很凶」。

此法不行，那就只有兼辦行政囉！「全國最老的生教組長」於焉產生。但我完全搞不清楚當時的行政人員為何會大搬風？對於校長約談我的美言：「是要重用您的特教智慧與輔導長才，帶給竹林的生活教育不一樣的境界。」我回應校長：我「本科」是美勞老師呀！

雖然「都好！」是我的態度，但我只關心著我的長官「學務主任」是誰？校長說還在物色，「都好！」還是我的心情。因為對於「向上管理」，我自有我的一套哲理，「藉機修練與人為善」，也是外子勉勵我的重點。

最後出線的是老搭檔陳主任。他和我同一年進竹林國小，就在我「五孝」的隔壁「五仁」，因為對小學生的教學經驗比較疏淺，我經常得協助他處理仁班的糾紛，六年級時，還破例讓他六仁一位過動的情緒障礙生轉到我六孝來，一直讀到畢業。再下一輪，我是五信，他是五忠，而且是我們的學年主任。那兩年，我們這個學年做出了許多得獎的創意教學。隔年，陳老師被行政網羅去推動他最拿手的資訊教育，他仍在視訊教學上，給了我的四年愛班很大的贊助。

第一次以「長官部屬」的角色開會，我先開口：動腦，我很行；電腦，我就完全搞不來啦！

陳主任已有先見的回我：以後學務處的事，宋老師動腦兼動口，我負責電腦和跑腿。到底誰是主任？誰是組長？但除了「真好」，我想不出還有什麼更恰當的評語。

還不到八月一日的生教組長正式上班日，我已經天天跑學校，構思我最後一年的小學老師職涯該怎麼圓滿？前任的學務處主任和組長們鐵定覺得我煩死了；

還好，我的新長官陳主任總是興致盎然的聽我說著「一天一變」的竹林生活教育新策略，其實也是「心」策略！

我從級任老師的立場，看到生活教育的推行計畫，需要多一些鼓勵，少一些責罰，於是有了「我是好學生」之生活百分百和「班級榮譽卡」之圓夢計畫的心性翻轉；我也從放學路隊的紛亂，看到上下學的接送隊伍，需要更嚴謹的規劃，於是重新定位穿堂的等候隊形、邀請安親班負責人來面對面溝通、要求家長指導孩子提早準備下車、更教育所有進校園的駕駛人認知了「守規矩，大家都省時！」

我還從教師專業的角度，看到導護制度的人員調配，需要更適才適所的人性調度，於是多角度邀請導護志工，讓老師回歸專業知能的傳道授業；我當然更從我的年紀和體力，看到無法事必躬親的必要措施，所以，落實了自治教育的精神，加強核心自治幹部的權與責，還破天荒的每月召開一次全校班長會議，即使剛入學的一年級娃兒，我都當一回事地訓練他們的聽說表達能力。

是全國最老的生教組長，應該也是竹林有史以來最機車的生教組長。

正逢四年一次的交通安全評鑑，陳主任老神在在地把我們做了些什麼改善方案如實呈現，得到三位評鑑委員滿意的評價。

隨順賴校長對我的寄望：以特教和輔導的雙重面向，讓竹林國小的生活教育「對話多於訓話」。於是，我經常要處理來自老師的個案轉介。「平和的處理孩子的紛爭」輔導記錄（原文，詳閱《啟動孩子思考的引擎》一書），是我可以無愧的交給賴校長的一份成績單：

那是一個星期三的上午，是特教電子週報截稿的時間，最少都要花去我一個小時才能整理好一篇「教室傳真」；「這個」星期三，我還背負著家裡「抓漏」工人的隨時Call in，也背負著得隨時Call out給昨晚臨時決定搭早上八點自強號從花蓮回宜蘭看醫生的女兒。上班的途中，我不斷祈禱著：請讓竹林國小的全體親師生「相安無事」！

一踏進辦公室，見到百文老師，想起昨天阿傑的心事還沒聊完，想跟百文借課對全班進行團體諮商，沒想到百文遞給我兩大張「熱騰騰」的輔導記錄，看到個案名稱是「倫倫」，相較之下，阿傑的心事算小咖的呢！再一聽，昨晚十一點百文已經在電話中領受了倫倫家長的火爆威脅，我知道：今天又會是一個充滿挑戰的星期三。因為過去幾次的親師互動，我有把握跟倫倫爸爸可以有比較舒緩的對談氣氛，所以自告奮勇的告訴百文：待會兒，倫倫家長來的時候，通知我一聲！

踏出辦公室，準備執行生教組的晨間任務，看見小孫同學站立在寒風中的穿堂，一問，「啊！慘囉！竟然就是引起易倫家長火爆的主因要角！」這一個星期三，肯定非同小可！從小孫口中陸續招出的相關人物還有小瑋、翔翔、阿辰，我就更加篤定：倫倫必定做出了「極端」震撼的挑釁言行，才會聚集這些「緣」！絕對不會是家長口中所說的「弱勢的受害者」。

「且先不要預設立場！」我這麼提醒著自己。……

孩子，就是不懂事，才需要老師來傳道、授業、解惑。重要的是：大人要能耐得住性子「陪」著孩子「平和」的處理紛爭，千萬不能讓自己的情緒也攪進事件中。

當我看到倫倫爸爸稍稍柔和的臉部線條，我猜：他也從這段會談中，了解到自己的孩子並不是省油的燈，才會惹出這麼複雜的冤冤相報。我走到倫倫旁邊，問他：「現在還會害怕嗎？」倫倫「秀」出他極稚嫩的笑容，搖著頭！我卻不想就這麼放過他，轉換輕鬆的語氣：「不過，下次請你先練好準頭再吐口水，也可以回家請爸爸陪你一起練喔！」望著爸爸也不好意思的笑了，我知道賴校長會嘉勉我又處理了一件棘手的個案。

接下來，學校要更傷腦筋的是：如何讓倫倫爸爸這一類的家長了解到：孩子的情緒反應都是長期與家長的互動學習而來的。因為，「孩子真是家長的一面鏡子」啊！

「『六月三十』這一天」是我寫給竹林的道別書：

各位竹林的好朋友們！

這封信我要特別拜託蕙婷幫我朗讀給大家聽，因為蕙婷告訴我，由於「特供隊」的機緣，她對我有不一樣的認識，也對我有一種「相見恨晚」的遺憾。那四個字，真是我退休前最好的禮物呢！

昨晚為了幫一位身心俱疲的好朋友，取得她的校長的理解與諒解，忙到好晚，也和那位校長談得好累！所以，沒有能量可以寫預定要寫的這一封信。

今天早上五點鐘醒來，我「啊！」的一聲，「今天是我當老師的最後一天。」吵醒了華沛。不過，可能緊接著的一個月，我都還要忙許多與竹林相關的大小活動比賽和研習課程，所以，並沒有很深刻的就要和竹林「Bye-Bye」的惆悵，只是因為賴校長的一番好意，我才需要提早面對今天的離情。

我很感恩在竹林這七年的所有發生！

記得七年前，也是這個時候吧！我出爾反爾的又厚著臉皮來竹林參加甄選，當時電腦主考官是誌平和鴻麟，好嚴苛唷！一點都不像後來看到的他們在對待自己行政業務的寬容；試教的主持人（其實比較像跑腿的）是淑女，親切溫暖的唱名服務，相較於試教中看到的評審、應該尊稱我一聲「師母」的素言的不苟言笑，真是極端的對比。其他評審，請原諒我當時忙於處理一個在我教學中，突然放聲大哭的女學生，而來不及記住還有哪些試教評審。不過，後來知道哭的那個女生是鶴松班上的孩子，我很懷疑是竹林有心人士刻意找來鬧我的！最後一關是口試，哇！好大的陣仗喔！可是發言的人極少，印象中只記得兩位：蔡主任和玉雯！蔡主任的每一個問題，都讓我好像在對口試委員「曉以大義」的演講一般。我猜，當我成為竹林的一員後，蔡主任一定陸續被很多人責罵，幹嘛做球給我，簡直是引狼入室嘛！但是，我很感謝玉雯的提問：「如果你來到竹林，發現學年群無法和您同步伐，你要怎麼辦？」雖然是輕輕的問，卻是重重的敲扣著我經常一廂情願的行事風格。

七年來，我雖時時以玉雯這句提問自我警惕，卻仍不免拖了許多人下水，還好，曾經和我同學年的教學群心臟都夠強：第一年就遇到從部隊退下來的鶴松，遇到和我同時進來的金助和崇熙，那兩年在周校長的戰戰兢兢中，我玩出許多教學好創意哩！雖然可能苦了他們三個；第二屆，鶴松換成了龍基這個慈濟人，在學年中，我又像姊姊又像媽喔！那兩年，我們竹林先後承辦了全國身心障礙國民運動會和全國視障學生夏令營，真是拖累了當時的所有行政人員，不好意思啦！第三屆，我被安排到中年級，還沒分班，就搞出有家長到校長室抗議，希望把「宋慧慈」調離開三年級的老師名單，不然家長不排除要孩子轉學。這事兒，深深傷著我的心好久好久。慶幸有Jimmy、金助、郁芳的陪伴，才能順利走完「三愛，愛自己、愛朋友、愛自然」，也聽說終於得到當初憂心忡忡的家長們的信賴，也許是路遙知馬力吧！隔年「四愛，四處都有愛！」教學群又加進來玟毅和智雯，帶領四愛的這一年，我的努力重心放在如何兼顧教學創意和智雯可以懷第二胎。耶！老天聽到我的祈禱，智雯在暑假前懷孕了！

真是感謝上蒼！這六年中的每一位科任老師也都助我非比尋常的一臂之力，讓我每一屆的特殊孩子都能夠得到非常人性的對待，這一部份，等我寫「融合教育」這本書的時候再一一感謝您！

其實，今年「全國最老的生教組長」才真是我教學生涯的經典之作，這樣的換跑道深刻的讓我體會了什麼叫做「現世報」！擔任「生教組長」這一年，多虧了全校所有同仁的大力幫忙，讓我彷彿「集三千寵愛於一身」。尤其這一年的因緣際會，我比生教業務更忙的「外務」真是多得多，等明日過後，我再寫出來，和大家分享這一年來我領受了多少貴人的相助。不過，有兩個人我一定要在此特別感謝，那就是前生教惠群和人事張主任，如果沒有惠群的窩心補位，沒有張主任的緊迫盯人，我肯定無法退休。

前天下午，我在北成國小帶領「教專成長工作坊」，我們在探討「如何以友善的眼，看組織的繭」，其中一個議題「面對教學行政不相挺，可以藉由哪些策略讓組織破繭而出？」當場一位老師有感而發：「在某些學校是行政想做點兒什麼，老師不配合；可是我的學校是老師想往前衝，行政卻跟不上。不曉得有哪一個學校雙方都配得很好？」我立即回應：「來竹林呀！」誌平說：「歡迎縣內調動！」「竹林裡的春天」真的很溫馨！謝謝前後兩位校長的默默支持！我真的很感謝不論是六年的級任老師或這一年的生教組長，總讓我感受到行政教學合作無間，總是如魚得水般。

最後一定要公開感謝的是淑女，在我一進到竹林，您就給了我許多發揮專長的舞台，打下了我在竹林可以「為所欲為」的霸氣。不過，我也知道那三年因為我的「過動」接了許多案子，而讓淑女承受了不少誤解、甚至委屈，但，淑女，請相信，在您像我此刻要退休時，我曾經拖著您走的那些行政回憶，會是您有別於其他輔導主任的斐業。

要趕著上班了，該結語了！卻不能寫太多，因為眼淚已在眼眶打轉了，畫面已經漸漸模糊了！謝謝囉，竹林！再見囉，竹林！

請不要忘記即將失業的宋媽唷！隨時做球給我嘿！

卸任了生教組長，也告別了我的教學生涯。我的心得：換跑道，真的沒那麼困難！

10

退休的寧靜修行

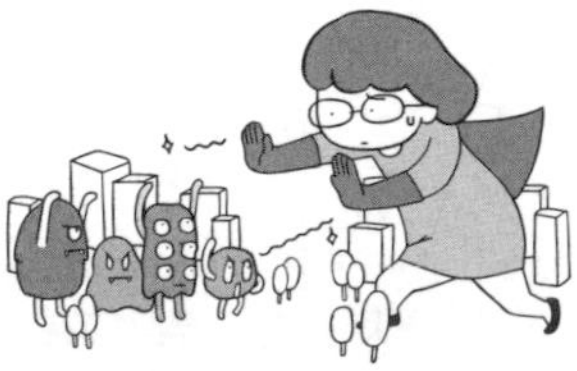

很多時候，孩子的情緒是被大人搞出來的。大人要隨時觀照自己的起心動念。從我自己「為人師」也「為人母」的角色，我實際的見證了兩個真理：「老師心寧靜，學生心就寧靜」「爸媽心寧靜，孩子心就寧靜」。

退休後的日子，是一連串的無常，我以「隨順因緣」的態度面對。

民國九十九年八月，我雖然加入退休人員行列，卻是名符其實的「退而不休」。退休後，我投身志工的重點課題是：推動「心寧靜——做情緒的主人」情緒管理教學。

「寧靜」到底是什麼呢？寧靜的英文叫 TranQuility，我們如果把T和Q這兩個字母特別用大寫標出來，就是「TQ」，稱「寧靜指數」。TQ越高，代表寧靜能量越強，代表越不容易受旁邊人的影響，越能做自己情緒的主人。

南懷瑾先生說過一段話：「水靜極，則形象明；心靜極，則智慧生。」第一句「水靜極，則形象明」，不難理解。拿一盆很乾淨的水，等它靜止不動，將我們的臉湊過去，會在那個水面看到清晰的自己；調皮一點，拿手去觸一下水面，水面起了波紋漣漪，這個時候再把臉靠過去，會看到自己的臉有很多皺紋，甚至糊掉、變形了；如果臉盆裝的不是清水，而是泥巴水，恐怕連自己的長相都看不清楚了。所以說「水靜極，則形象明。」

第二句「心靜極，則智慧生。」我們的心猶如心海、心湖，有心海的水，也有心湖的水。當心海心湖的水很靜的時候，我們看任何事情，都會很容易就看清楚真相是什麼，不會受事件的煙霧彈影響而失焦。

只要心夠靜，就有智慧去對治各種煩惱；怕的是心不夠寧靜，太多波動，無法聚焦；怕的是心總是紛紛擾擾的，問題也許並沒有太嚴重，自己卻先慌了手腳。所以，心要夠靜，才會有智慧生起；心不夠寧靜，就沒辦法用智慧來處理事情。

很多時候，孩子的情緒是被大人搞出來的。大人要隨時觀照自己的起心動念。華嚴經上說：「一念瞋心起，百萬障門開。」不需要做什麼事，光是一個念頭叫「瞋心」，就有收拾不完的百萬障門為己開。怎麼能不時時觀照「起心動念」呢？常觀照起心動念，就會隨時跟自己的心在一起，就是「寧」這個字的意思。

我有很多很多因為自己的瞋心而做了後悔的例子。走過那樣子的過程，才知道：要做情緒的主人，真不是一件容易的事，但確實是很重要的。

做自己情緒的主人

讓我們先來思索：大概幾歲就可以做情緒的主人？五十歲？六十歲？孔子說的「六十而耳順」嗎？

回想我三十年的教學經驗，處理好多孩子的情緒困擾，真誠的認為：如果從小就教孩子做情緒的主人，對孩子的一生，會有很大的幫助。

相信大家都會同意：現在的孩子什麼都不缺，就缺一份寧靜。其實，不要說小孩子，你我不也都需要一份寧靜嗎？所以，從退休的那一天起，我努力於推動「心寧靜情緒管理教學」，它的核心就在「心寧靜」這三個字。

在我教學生涯的最後三年，伴隨了我自己的更年期，那是高度情緒困擾的一種精神障礙。那一年，我接手非常挑戰的一個三年愛班，那是我這輩子帶的最後一個級任班級。在退休前三年的更年期最不舒服的時候，遇到好似存心來挑戰我「特教知能」的這麼一群孩子。當下的評估：品德教育要比學科教育來得緊要，而品德教育的「做自己情緒的主人」情緒管理教學，得透過對話的引導才能落實。所以，退休前我研發了一套情緒管理教學。希望這一群可愛的中年級孩子們，能夠管理好自己的情緒，我也就不用隨著他們失控的情緒，攪亂我的班級經營。

在這群猶如「上天賜給我的禮物」升上四年級的某一天，處理完一件棘手的情緒失控個案後，我問孩子們：「誰沒有情緒？」

可愛的十歲孩子跟我說：「植物人沒有情緒！」班上馬上有人跳出來反對：「植物人也有情緒，只是表達不出來。」一個女孩說她爺爺就是植物人，爸媽告訴她：「爺爺不是沒有表達，而是我們旁邊的人不懂他要表達的意思。」我好喜歡這個小女生的家庭教育，她的爸媽會回到自己的角度去看「我要負的是什麼責任，而不只是去怪別人都不會表達。」從這個小女生說的「我不夠理解爺爺」，我開始帶著小四的孩子們討論「人都有情緒」。

我在黑板寫了「情緒就是看不見的大小便」，立刻被孩子嘲笑好噁心。我接著問：「誰沒有大小便的，舉手。」

確定每一個人都會有大小便後，我們師生釐清了：「有大小便是正常的，可是不會處理大小便，就會有麻煩。」比方說「隨地」大小便、「隨時」大小便，都不正常。

我用這樣的比喻告訴十歲的孩子：「每一個人都有大小便，就如同每一個人都會有情緒一樣。不會處理大小便，就會出問題；同樣的，有情緒是OK的，但是不會處理情緒，就會惹麻煩。」

透過提問，我引著孩子們討論：「會有什麼麻煩？」

「會給自己帶來很不舒服的回憶。」

「看得見的大小便很好處理，可是那個看不見的大小便，一旦情緒失控了，很難處理。」

一個比較成熟的女生說：「最懊惱的是自己！」

我順著這樣的例子繼續問學生：「你們有沒有這樣的經驗？上課上一半突然很想去大小便？」幾乎全班都舉手。我問怎麼辦？大家異口同聲：「忍住～忍住啊！」

我挑戰孩子：「忍不住了，怎麼辦？」「你會就在教室大嗎？」孩子笑成一團，說不可能！

我又問：「那怎麼辦呢？」多數孩子回答說要舉手。「為什麼要舉手？」我問。

「尊重老師啊！」哇！我很震撼十歲孩子的答案。「然後呢？跟老師講完以後呢？」「就可以現場大下去了嗎？」

「趕快去廁所啦！」

「你們真是太棒了，『趕快跑去廁所。』因為廁所是處理大小便的適當場合，對不對？」

藉著這樣具體的例子，我帶領著四年級的那一批可愛孩子認知了：上課上一半，或者我們參加一個團體的活動，有別人在，我突然想要大小便，我會用尊重的態度告訴在場的人：「很抱歉！我現在要先離開一下。」

這堂「情緒管理」對話教學的結語：「同樣的，當情緒那個看不見的大小便來了，就好比跟一群人在一起，突然談了一個話題，自己覺得不舒服；或突然有人講到一件事情，引起了自己不愉快的回憶，難道就當場哭了嗎？或當場就發飆嗎？或者一聲不響地就離開了呢？」

透過這樣的提問，小學四年級的孩子，雖然只有十歲，也能夠明白：第一、每個人都有情緒，有情緒是正常的，但是不會好好處理情緒，就會給自己帶來不愉快的經驗；第二、未來在跟人家相處的時候，不論是在家裡跟家人或是在學校跟同學，甚至到外面參加團體活動，都有別人在。當我覺察到我情緒不好了，好像不太爽了，我要判斷這一個時間、這一個地點適合發洩情緒嗎？絕對不能隨時、隨地、隨便揮灑那個看不見的大小便。

多麼期待經由這樣的討論，幫助孩子們在未來的日子裡，覺察當波動的情緒上身了，他們會懂得要先跟在座的朋友們有一個交代，而那個交代正是因為「尊重別人，也尊重自己」。所以，要勇敢的告訴大家：「很抱歉，我現在覺得不太舒服。」「很抱歉，我好像快發飆了。」「很抱歉，我得先離開一下。」……

確認孩子知道「沒控制住情緒所可能帶來的麻煩有哪些」後，我接著問學生：「那麼離開之後，你要到哪裡去處理你的情緒呢？」

陸續出籠的答案有：運動場、空曠的地方。孩子說：「去大喊大叫，喊出來就沒事了。」最讚的一個回答是：「我要到一個不會讓自己受傷的地方去處理我的情緒。」

這群四年級的學生多棒啊！當時，我就認為「情緒管理教學」是可以教的，也是必須要教的。

可是，回想我自己成長的過程，誰教過我要怎麼樣管理情緒？我好像沒有遇到哪一位老師，像我這樣引導學生教我認識情緒是怎麼一回事？我自己當老師、當媽媽，好像很多時候只會告訴孩子：「不要生氣，生氣是不好的。」「不要再哭了，那麼大了還哭！」我大多時候只是用制止的方式。以我對學生的了解，其實孩子也渴望能靜心。我們常常在怪孩子衝來衝去、吵來吵去，好像都靜不下來，但孩子其實也希望能有安靜的時刻。

我也深切反省，作為一個老師，實在不能只一面的要求孩子自己做好自己的事就好了，我們真的要創造一個讓孩子可以安全成長、可以寧靜學習的環境。這個環境營造的責任在誰？「老師」真是責無旁貸。

所以，我退休後提出「心寧靜」的情緒管理教學，很重要的成效便在：心寧靜——做情緒的主人。一旦心寧靜了，就可以做情緒的主人，就不會輕易被情緒帶著走。

大人心寧靜，孩子心就寧靜

從我自己「為人師」、也「為人母」的角色，我實際見證了兩個真理：「老師心寧靜，學生心就寧靜」及「爸媽心寧靜，孩子心就寧靜」。分別各有一個事件可以分享：

先說「老師心寧靜，學生心就寧靜」的師生衝突故事。

有個孩子「小雨」，來自完全沒有功能的家庭，爸爸媽媽都吸毒，爸爸還因販毒被關，媽媽在臥房斷氣了兩天之後，姊弟倆才知道媽媽死了。姊弟被社會局緊急安置到姑姑家，姑姑住在宜蘭，所以兩個孩子從台北轉學來就讀我任教的國小，不過他和姊姊都住在「愛兒園」的中途之家，僅有年節假日才回姑姑家。

要升五年級時，學校跟我商量：不管我抽到的是哪一班，都會外加小雨這一個學生。我說OK！只要是基於對學生有幫助的考量，我都樂意接受。

前三個學期，小雨還算可以，就是大過不犯，小錯不斷。我小心地不去踩他的身世地雷。但就在六年級下學期即將畢業的五月天，我們師生起了前所未有的衝突。

社團活動時間，他突然動手去勒同學的脖子，力氣很大！還好我在現場，立刻把他的手掰開來。那是一個訓練孩子自主的社團時間。社團活動的最高指導原則是：不可以做傷害自己和傷害別人的事情。顯然他那個動作已經傷害到別的同學了，所以要被剝奪社團的時間，他必須到角落去靜坐。

但是他很不服氣。我當時並沒有透過對話，去了解他為什麼會勒同學脖子，而是立刻喝叱他到旁邊去。他不肯走，我就推他，他回過頭來瞪著我說：「妳又不是我爸爸媽媽，憑什麼管我？」

我回他：「我是你的老師，我要教你！」他大吼：「妳教屁哦！」

那一刻，我覺察到我的情緒被他撩起來了，我的手握著拳頭，勉強克制住「打下去」的衝動；我趕快請一個學生下樓去請行政人員上來，以切割這一段師生衝突的情緒。

校長很快就跑上來，把小雨帶下樓。可我的氣並沒有放下。過了一個掃地時間，小雨上樓來了。我說：「你回來了呀！你欠我一個道歉。」他回答：「道屁啊？」

孩子當下的情緒其實已經緩和了，我其實不需要再去撩他，對不對？難道只因為我還不夠寧靜？

我很無奈地跟他說：「好！還有一節課，下課我們再好好談。放學後，你留下來。」但上完那一節課，我一回頭，他已經不見，不知道跑到哪裡去了。

過一會兒，我接到小雨中途之家輔導阿姨的電話，請我過去一趟。她說小雨有話要跟我說。

我心想，輔導阿姨會知道事情，一定是孩子自己講的。孩子願意說，就有希望！於是我馬上趕過去。一進到愛兒園的會客室，輔導阿姨馬上廣播：「小雨，請到會客室。」小雨進來，第一句話就是：「老師，對不起！」我的眼淚瞬間流了下來。顯然孩子比我還快就找到寧靜的能量。

隔天上學，我比他先到教室。他背著書包進來，很開心跟我說早。我看他放完書包後，喚他到我桌前。

「昨天你會跟老師道歉，老師好感動！可是距離你畢業還有兩個月，而且又是天氣最熱的時候，老師好怕昨天那樣的事情又會發生。」

小雨笑著說：「我也怕！」

這句話對我猶如當頭棒喝：沒有哪個孩子是故意要惹人家生氣的！

於是我和小雨開始討論如果再發生昨天那樣的事，我們可以怎麼處理。接下來的幾個下課時間，就看著小雨到資源回收角落進進出出，做了一塊牌子，上面寫著「安靜」兩個大字。

我回想起我曾經讓這班孩子看過一部影片《向權勢挑戰》。片中的校長教一個學習障礙、伴隨有情緒障礙的孩子：當察覺到自己的情緒上來、全身發熱的時候，趕快拿一張紙告訴大家「我現在情緒不對」，讓老師容許自己可以先離開一下。就好像情緒管理教學所強調的前奏步序：要先能覺察。

小雨頭頂的「安靜」兩個字，彷彿在告訴我：老師要先安靜呀！的確如此。有寧靜的老師，才有寧靜的學生！

再來說「爸媽心寧靜，孩子心就寧靜」的母女口角紛爭。

女兒念大二那年，母親節前兩天，貼心的女兒禮拜五下午沒課，就先回到臺北；我從宜蘭到臺北跟她會合，然後帶著她去給我爸爸我媽媽、就是她的外公外婆上香。

我們約在北投的捷運站見面。她一下了捷運站，看到我好開心，可是我一點都不開心！因為我第一眼就看到她臉上又長出青春痘，我馬上有很多的連結：她一定沒愛護她自己，所以又熬夜，所以又長青春痘；我花錢買那麼貴的保養品給她，她一定沒認真搽，真是浪費我的錢！

對她的青春痘已經不爽在先，中午一起吃飯，聊到我不開心的話題，很多情緒被那個話題撩了起來，但我沒有辦法制止她，於是第二個不爽又帶到這裡。接著開車從臺北載她回宜蘭，心不靜，差點下錯交流道，緊急轉了一個彎，又回到高速公路主道上。那一個轉彎，把我們家大小姐驚醒了，大小姐坐在後面大聲吼：「幹嘛啦！」

我不爽很久，盡量壓抑的情緒，在被她一吼之後，比她更大聲地喝斥她：「妳這是什麼態度？」

沒想到女兒也毫不客氣：「妳是怎麼開車的啦？」

我終於開罵了：「妳那個脾氣如果沒有要改，妳的青春痘就不會好！」

這根本是歪理！果然人在不寧靜的時候，會講出什麼話來，自己都搞不清楚。但我停不下來：「我跟妳說過多少次了，要早一點睡覺，不要吃那些炸的東西，妳就是不聽。」我已經下了對錯的判斷，認定女兒就是因為熬夜、就是因為吃炸的東西……完全沒有對話空間，「女孩子不把臉洗乾淨，妳看多噁心！」能罵的，我幾乎都罵了。

握著方向盤的我，隱約有感受到她有一些委屈。她過了一會兒才開口：「妳知不知道我腳受傷以後有多難過，我不敢去碰水，我怎麼洗臉？」女兒拋出求救的訊號，希望我能夠理解為什麼她沒有辦法把臉弄乾淨。但人在不寧靜的時候，很難聽得進對方的求救訊息。我更氣地吼她：「騙我！洗臉會弄到腳啊？」

忽然在那一瞬間，我驚覺我們母女好像兩個小孩子在吵架。我決定閉嘴、放下。

但我以為我放下了，其實只是忍到家而已。母女的紛爭還沒結束。

停好車，我跟我女兒說趁著天氣還不錯，我們去遛狗。走著走著，氣氛還滿好的，但當聊到「用錢」的觀念，我愛說教的訓話態度又現了形。

「妳也不想想妳的同學都要出去打工，妳很好命！」

女兒大膽回了我一句：「我從現在開始都不要用妳的錢！」隨後更重重丟下一句：「我從小就不喜歡當王華沛和宋慧慈的女兒！」

我氣又上來：「妳當我的女兒，是有那麼丟臉嗎？」

她咄咄逼人：「早知道我就不要回來了！」我也不甘示弱：「那妳幹嘛回來？」

她最後丟下一句：「是妳叫我回來的啊！」

我心裡有一句話：「那妳現在給我滾回台南！」

唉！都是用情緒在回應。還好我吞了口水，把那一句話也吞了進去，不然真的沒完沒了。

女兒的個性，完全是我的遺傳，如果我講出那句話，她真的會馬上回家收拾東西就離開，然後母女關係就會僵住，會僵多久都不知道。

我其實經常感謝老天送給我一個情緒來得快、去得也快的女兒。我只是忍住，但她已經放下了。

回到家後，天已經黑了。她上樓來問我晚餐要吃什麼？我沒好氣地回她：「不知道！」她說她煮水餃，我依然沒好氣地回一句：「隨便！」煮好後她上來喚我，我下到餐廳，卻是食不知味，因為不爽的情緒還在。滿肚子的氣，好像不只是氣女兒，也在氣自己。

那一夜我根本睡不好。凌晨四點多醒來，就再也睡不著，心裡很是難過，既後悔，也是懊惱！我開了電腦，寫了封信跟女兒和解：

「剛剛讀到的文章，這麼寫著．

一把堅實的大鎖掛在大門上，一根鐵杆費了九牛二虎之力，還是無法將它撬開；鑰匙來了，它瘦小的身子鑽進鎖孔，只輕輕一轉，大鎖就啪的一聲打開了。每個人的心，都像上了鎖的大門，任你再粗的鐵棒也撬不開。惟有關懷，才能把自己變成一把細膩的鑰匙進入別人的心中。

媽媽很自責！昨天沒有找到細膩的鑰匙進入妳的心中，以至於引妳說出傷我心的話。原來媽媽比妳幼稚⋯⋯」

我一按傳送沒多久，女兒也回應了，猜想她一個晚上也睡得不好吧？很快聽到女兒下樓的腳步聲，問我早餐想吃什麼？我說吃什麼都好！飯後，我問她：「帶妳去美容院把那些青春痘清一清，好不好？」她一口答應。

載她去美容院的沿途，我們母女輕鬆地聊。女兒問我昨天到底怎麼了？說我已經很久沒有這樣發飆、失控了。我才告訴她最近的心理壓力。

她拍拍我的肩膀：「以後有話就說出來啊！」

哇？誰是媽媽？誰是女兒？

到了美容院，她開車門的那一剎那，我轉頭問：「所以，我們和好了，是嗎？」

女兒在關上門的那一瞬間，留給我一句話：「我們一直都很好啊！」望著她走進去美容院的背影，我的兩行淚流下來。「我們一直都很好」是女兒對這一段母女關係的認知。但我心裡很清楚：我在不寧靜的時候，真的傷了她很多。

相信了嗎？爸媽心寧靜，孩子心就寧靜！

「心寧靜」的班級經營

退休後的第二年，我在靈鷲山般若文教基金會的支持下，和一群退休老師及社會志工成立了「全球心寧靜教師團」，推動「心寧靜」的班級經營和「無霸凌」的友善校園，努力要送給全世界孩子一份寧靜的禮物。

「全球心寧靜教師團」的成立願景有三個：「寧靜的孩子能量高」「寧靜的老師氣質好」「寧靜的父母沒煩惱」。

為什麼「寧靜的孩子能量高」呢？因為寧靜是宇宙最大的能量，孩子能專注，就不會受到周遭的影響，也不會受到別人的干擾，當然學習的效果就很高。所以，有一句話說「寧靜致遠」。

身為老師者，要相信「寧靜的老師氣質好」，如果每一堂課都從寧靜開始，老師上臺看到孩子是這麼專注、這麼寧靜的準備好要學習，老師的心情當然愉快輕鬆，就一定是氣質好的老師。

再說到「寧靜的父母沒煩惱」，我必須強調：沒煩惱，不代表沒問題！只是不會陷在煩惱裡面，如果爸媽有一顆寧靜的心，可以看清事情的真相，可以釐清問題的癥結，就不會鑽牛角尖。

在媽媽的角色上，我特別感恩遇到「心寧靜的推廣」所帶給我的警惕與醒悟。我在退休後的第一次「禪七」閉關結束，返家跟外子懺悔：我要來寫一本書《我不是一個好媽媽》。回想起帶著女兒成長的歷程，有好多好多因為自己的心不夠寧靜，而引發母女衝突。記得有一回，我忍住就將拳打腳踢的失控，冷冷提醒女兒：「妳不要惹我生氣喔！」

七歲的女兒平靜地回：「媽媽，是妳自己要生氣的啊！」

當下我好似被一盆冷水潑醒了。是呀！怎麼可以把自己的情緒，怪責到別人身上呢？

在女兒國小二年級時，我喜出望外的「終於」又懷孕了！一個吃不下飯的晚餐後，我忽然好想喝牛肉湯。外子還沒回家，我只好「教」八歲的女兒如何提著湯鍋，自己過馬路去幫我買牛肉湯。等到她安全提著一鍋熱湯回到家，我一見是牛肉麵，立刻破口大罵：「不是叫妳買牛肉湯嗎？幹嘛買牛肉麵？」

女兒怯生生地小聲回：「那妳把湯喝掉，我再來吃麵！」

兩行淚不聽使喚的滑下我雙頰。孕吐，固然不舒服，不能做情緒的主人，才真是要命吧！

不能做情緒的主人，就很容易心隨境轉的發飆：女兒打翻便當的飯菜，我要她從地上撿起來吃；女兒弄丟一個髮夾，我要她想辦法去找回來，才可以回家；女兒初學注音符號，一個拼錯，我的巴掌痕立刻烙在她臉頰；把咳嗽藥吐出來，當再聽到她咳嗽，我瞬間打了她一耳光；隨母就讀耍性子，不能配合我正在帶領的團體活動，我當眾修理她；盯著她整理房間，見她拖拖拉拉的習性，又披頭散髮，我拿把剪刀喀嚓兩下，她的長髮落了一地；學校的同事老師對我提起女兒漏寫了作業，我一氣之下把她趕下車，讓她自行走了兩公里的黑暗鄉間路回家……所有她求學時期的需求，只要與我的教學活動衝撞，她總是優先被犧牲。即使到了上國中的青春期，她還被我拿衣架毒打！

禪七閉關的禁語靜坐，好多對不起女兒的羞愧心都湧上心頭。我總在每次念誦「往昔所造諸惡業，皆因無始貪嗔癡，從身語意之所生，一切我今皆懺悔……」中涕泗縱橫，我真的不是一位好媽媽！

還好在女兒上了大學、在我退休的日子裡，遇見了「心寧靜」。外子肯定我在禪七閉關的懺悔，也開導我：「記取教訓，往前看！不要為昨天已發生的遺憾，牽絆住今天將到來的幸福。」

在多年的推動心寧靜情緒管理教學的志工生涯中，我看到了「寧靜的孩子能量高」「寧靜的老師氣質好」「寧靜的父母沒煩惱」的推動成果，也很享受在退休的日子裡，真的一步一腳印地，送給全球孩子一份寧靜。

用「心寧靜」面對人生的考驗

可能是上天要考驗我是否能夠「知行合一」吧！民國一〇三年一月，外子在毫無預警的情況下，於肝部發現了一顆十二公分的腫瘤。面對外子罹癌的震驚，接著是陪外子抗癌一年又三個星期的焦慮，最後是送外子到佛國的不捨，我做足了「寧靜的家屬焦慮少」以及「寧靜的喪偶習疏導」這兩個「無常」的修行功課，更加體會了「心寧靜」的重要。

有照顧過病人的朋友都知道陪伴病人的焦慮很多：病情不曉得會有怎麼樣的進展？擔心醫藥費夠不夠？要不要搭配民俗療法？……

外子在發現腫瘤前，並沒有什麼明顯的跡象，也毫無痛感，只覺得那兩三個月的體重往下掉，我還恭喜外子減肥成功；雖經常性的感到體力越來越差，卻又歸因到年紀大了，我都幫外子合理化；即使那一陣子食欲不好，我也認為適逢我的婆婆往生。一直以為是環境的因素。

當外子實在是吃不下時，我才幫他到肝膽腸胃科掛號。那是我們很熟的朋友醫生，超音波一掃到陰影，立刻排當天下午的斷層掃描。果然在我們隔天去看報告的時候，發現了一顆很大的腫瘤！再經切片化驗後，確診為極難處理的「膽管癌」。

從那一刻起，我成了外子的特別看護。

我在FB上寫著——

親愛的朋友們：

這一週，我的生命有了大轉彎：華沛在肝臟部位檢查出一個十二公分大的腫瘤！華沛笑稱，這個轉彎也未免轉得太大了吧？我則回應：就像騎單車環島時的驚艷，大轉彎之後，必定有超凡的視野。於是，我們以「全然接受」的態度，迎接這個轉彎的挑戰。

我很佩服華沛的面對勇氣與放下修練，我想這是老天要我們重新調整生活步調的好訊息！我非常喜歡華沛的人生觀：回到身心靈合一的原點。「身」，信任醫生的專業處置；「心」，仰賴各位的誠心祝福；「靈」，做好佛菩薩的寧靜功課。

羅東的外科醫生說腫瘤太大了，不敢開刀，外子只能選擇做化療；後來有朋友告訴我們「能夠開刀，要儘量爭取開刀」！一週後，透過關係，請教了台大醫院的外科醫師，他這麼說：「膽管癌，如果沒有開刀，五年的存活率等於零；如果開刀，五年存活率也許是百分之三十。」外子為了那百分之三十，毅然決定要開刀。我們改到馬偕醫院，第三天就立刻開刀。

開刀那天送外子到手術房門口，我跟他說完「加油哦」！他就被推進去了。我坐在家屬休息室，眼睛緊盯著螢幕：哪一個病人現在準備中、哪一個病人開刀中、哪一個病人恢復中……我雙手合十，不斷練習寧靜深呼吸。一直等到看見外子的名字從準備中到開刀中，我比較安心麻藥是OK的；再等了半個小時，我沒有被手術房叫進去，就知道那個刀是可以開的。我才想到自己要去吃點東西。自己一個人走到醫院的咖啡廳，點了一杯咖啡，眼淚就掉下來了。平常都是喝兩個人的咖啡，那一刻，我好害怕從此就只能喝一個人的咖啡……

幸好手術很順利，緊接著就是抗癌的歷程。坦白說，陪伴外子術後的復原，很辛苦，也很焦慮，但我沒讓太多人知道這些情緒，也先辭謝朋友們的探望，只透過臉書更新我們的狀況。

許多朋友問我，為什麼可以如此寧靜地看待他生病？老實說，我很佩服外子的「定」。一般得癌症的人，大概會經歷「為什麼是我？」「我還有多少時間？」的情緒起伏。但外子完全沒有這樣的情緒波動。只有在醫生證實病情是膽管癌的當下，說了一句：「怎麼來得這麼快？」然後，他就放下、向前走了。

所以，是外子的「定」，鼓舞起我的「穩」。

他開刀後一陣子，我問他：「為什麼能這麼寧靜？」外子只簡短講了四個字：「死而無憾。」

他說，他的父母都不在世了，出這麼大的事，不會帶給老人家焦慮，這是他第一個死而無憾；他們家兄弟姐妹相處融洽，我娘家的哥哥姊姊也都對他很好，這是他第二個死而無憾；第三個，他來自雲林口湖鄉蚵寮，這樣一個窮鄉僻壤，也能因為考上公費留學，有機會到美國一流大學去拿博士回來；第四個，在沒有任何身世背景的靠山下，只是一個愛讀書的小子，居然能從小學老師到師大的助教，再成為師大的教授。

第五個呢？外子調皮地說：「我長這個樣子，還可以娶到漂亮老婆！」

最後一句，真是換我死而無憾了！

我這個特別看護，整整陪外子在馬偕醫院住了一百天。化療的辛苦，沒有親身經歷或扮演貼身隨護，很難體會；還好外子是一個很堅強的病人。六次的化療療程，都沒有延誤，都沒有因為白血球不足、體力不夠，而延緩了下一個療程。

那陣子，迴盪在我腦海的課題是：為「勇敢」下定義。

我算勇敢嗎？回想每次看到躺在病床午睡中的外子那清瘦的面頰，我的心都還是會揪一下，鼻頭也還是會酸一下，覺得很捨不得。

從外子發現大腫瘤的隔天，外了兄弟姊妹來看他，二嫂要離開病房時，忽然哽咽一句：「慧慈，妳好勇敢！」

從那一刻起，「勇敢」二字與我長相左右。幾乎天天都有人說佩服我的勇敢；二月特別為外子請奏的「孔雀明王」法會現場，不管含淚或帶笑，不管握手或擁抱，都對我傳達了「妳真勇敢」的肢體和情緒語言；我載外子到師大特教系申辦請假手續，所有來摟抱我的師長，竟也都吐出一模一樣的四個字：「妳很勇敢！」

其實，我不過就是順著生命的功課走，隨時見招接招的過關「請」將，何來「勇敢」之有？

有一天早餐，我終於問了外子：「你也認為我很勇敢嗎？」

「當然！」外子斬釘截鐵的回答。「一，妳沒有呼天搶地；二，妳沒有亂了方寸；三，妳沒有捲款逃走。」什麼捲款逃走！外子見我很瞧不起他的樣子，要我去把存摺、保險單，統統拿出來理一理，我真的把他的身家「用功」地整理一番，明明就貸款比存款還多！

不過，在理這些身外之物的當口，我還真發現了自己的勇敢。

我找出一大疊醫院陸續要我簽的同意書：住院同意書、自費同意書、肝臟手術告知同意書、輸血治療告知同意書、磁振造影檢查告知同意書、鎮靜止痛告知同意書、逆行性內視鏡膽胰管攝影術檢查及治療告知同意書……每翻一張，心就又癲一次！

雖然能充分的理解院方要家屬簽這些同意書的立場，但在看到每一份手術同意書上，必然會有的手術可能的併發症和副作用，心都會恍惚一下，「萬一……」的念頭總是揮之不去，特別讀到「以下所列的風險已被認定，但是仍然可能有一些發生機率較小、醫師無法預期的風險未列出」這樣的說明，就更挑戰著我的「心寧靜」。在隻身一人的情況下做決定，要簽名，還非得勇敢不可！

有幾次，在把外子送進手術室的那一瞬間，我的手機會傳來娘家姊姊的訊息：「要我去陪妳嗎？」

當我送出「暫時還不用！」的同一秒，我豆大的眼淚其實已經滴落……我的勇敢，大概就是我總能在擦乾眼淚後，如外子對我的欣賞：沒有亂了方寸！

生前告別

罹癌後，外子總自稱是「廢人一個」，我絕不接受！在意料外的延長住院，又緊接著嘉義四天很吃重的授課，加上熱衰竭的頭重腳輕，本已百廢待舉的煩瑣家事，正待重拾舊山河，我從銀行一出門，卻又重重的摔了一跤，右手臂幾乎無法伸直與扭動。

躺了一整天後，靠外子駕車、在颱風夜的漆黑風雨中載我到蘇澳針灸，才稍稍緩和。一覺睡醒，非料理已解凍的牛肉不可！我只能動口，全仰仗做化療的外子動手……在我們合作無間之下，居然聞到茄汁牛肉香囉！

我公開歡迎親友們來共享。還說：「別怕！小淹水，外子已處理妥當，不必划船進我家。」

颱風警報解除的那天下午，我在臉書上感謝大家的關心，並說：「我已經可以拿針線，也可以拿掃具嘍！順便分享了一個小插曲：午餐前，外子發了一頓脾氣，嚇壞我了……」

我請臉友們先想像外子怒氣沖沖上樓的神情：「宋慧慈，昨天我已經警告過囉！妳怎麼又讓狗狗進屋子？牠們又在二樓客廳大便啦！現在，妳自己去處理！」

我：「別嘛，人家右手不能使力……」

外子：「妳還有左手啊！」

心裡的小劇場：「真是沒良心！也不想一想你生病期間，我是怎麼服侍你的！」

很快地，我想到隔天上午將在靈鷲山上，為第八期「心寧靜情緒管理教學」教師研習營介紹「心寧靜，關係就寧靜」，立馬翻轉心中的寧靜手環，然後深呼吸，合掌，放鬆，寧靜，讓心回到原點。

「深呼吸」，除了吸進正能量，也因為閉起嘴巴，而不會口出惡言；

「合掌」，藉這個人類最具善意的手勢，化解僵局；

「放鬆」，才能靠幽默找到解套方法；

「寧靜」，是宇宙最大的能量，心靜極，則智慧生。

果然，我的心「回到原點」，回到接納並理解他之所以發這頓脾氣的出發點，而看清楚自己要負的責任。我沒再回話……

等我們一起看完美國職棒轉播，他說：「以後絕對不准再讓狗狗進屋內，知道嘛！」我點點頭，聽到他下樓掃便便的聲音。

上午那一句「妳自己去處理」，應該是一時氣話！

正當我們都以為撿回一條命了，九月下旬，外子在例行檢查中，發現了兩顆復發的腫瘤，我要再一次經歷從開刀房陪著他的點點滴滴。

「初次罹癌」，跟「腫瘤復發」是截然不同的心情。真慶幸我發現了「寧靜是宇宙最大的能量」，總是告訴自己：「明天會更好」；總是勉勵自己：「只要能寧靜下來，一定可以處理！」

在二度開刀也算順利的情況下，外子堅持傷口復原得差不多，就要「化療」和「放療」同時進行。婚姻關係中，一向強勢跋扈的我，選擇「聽他的」，隱約害怕可能不多的日子，不能不讓他開心作主。

「膽管癌」這棘手的高致命病例，目前沒有患者平安撐過五年存活期的成功案例，外子也是腫瘤醫生的實驗品之一。在得知癌細胞已經蔓延開來，我勸請外子轉住安寧中心，避免癌症病房的藥物過度治療。我也開始張羅親朋好友每日「定點」「定時」的到馬偕安寧中心會客。恰似為外子安排的「生前告別」。

癌末的外子，靠注射嗎啡，減緩癌痛病苦；我總是控制在他最清醒的時候，推他出病房會客。我會先向他會報今日來訪的對象，所以，幾乎每一個來探視的親友、同事、學生，外子都可以叫出名字。

也許有太多細節要張羅，也許知道外子的來日不多，我鮮少流淚，安寧中心的主治醫師和來探訪的親友恐怕我是硬撐，甚至是人前裝出來的，我常常會被提醒「想哭就哭」，但我自己最了解，我不是刻意裝堅強，而是再一次明白：生命又要轉個彎了。

雖然常常想謝絕關心我能否撐得過的好言好語，終究以外子經常訓勉我的「海納百川」，善解眾多的「為我擔憂」。當時，我最常回應的是：「謝謝大家的關心，我已經做好準備了！當外子離開我的那一刻，我會知道我的日子應該怎麼過，我也會知道我的日子可以怎麼過。」

可是，當外子真的捨報了，那日子真是好難過啊！

我在外子頭七法會的隔天，就南下嘉義圓滿兩天的教師研習，贏得的滿堂彩，卻再也尋不到外子「與有榮焉」的眼神，再也聽不到外子「電話獎勵」的聲音，那無比的失落，真是空前的難受。

儘管外子在世時，我也經常單飛出國講學，但總有見面的那一天；外子離世後，我只能鼓勵自己：好好儲備與外子再相會時，可以撒嬌分享的單身生活精彩故事……還好外子留下數不清、道不盡的各品人際資糧，陪我在淚水中，堅強向前看，勇敢往前走。

從很多次夢裡的甜蜜相會，我知道外子一直都在我左右。越是艱困的生命習題，越是會夢見外子最讓人懷念的招牌酒窩。

曾經有兩段讓我淚濕枕頭的夢境：

之一、

經過一番掙扎，才終於夢醒……卻，好sad！

外子要出國深造，我放不下手邊忙碌的工作（像極了到緬甸辦學那段日子的心情），以致沒送他到機場，只胡亂的一聲「照顧好自己」，我又埋頭在工作中。怎知忽然好想他。於是，把工作整理了一下，發現其實並不是「非自己不可」！於是，遞了留職停薪申請書，決定飛去陪他。著手訂機票，卻發現他所在的國度，沒有航班……怎麼會這樣？

醒來，淚不止。

之二、

清晨五點半醒來，夢境清晰，是外子！

和他一起吃著早餐，提醒他麵包烤　下更好吃，引導他找到小烤箱，是我們婚後半年買的第一個烤箱，跟他說起那段日子的點滴回憶，發現他怎麼沒回應，探他鼻息，竟無呼吸，顫抖的手撥著二嫂的電話，二嫂說二哥不在，我大叫「那怎麼辦？」

華沛回神，
他還在。
夢裡的他，活過來了！
但殘酷的現實是：我卻夢醒了！

外子離開後，我經常有類似的夢境，醒來那瞬間的心酸，無法形容。還好多年來已經走出「心寧靜」的一條捷徑，讓自己在那深深的想念與反思中，靠著心寧靜的覺醒力量，過著「雖然悲傷，但可以心寧靜去面對悲傷」旁人很難體會的非凡日子。

多麼感恩我被教導：喪偶這條路的三T療效「Tear、Talk、Time」，在這三者的「酵」應下，讓我允許自己用適合自己的方式來療傷、來止痛。

我終於決定把傷痛還給天地。那是在參加落磯山脈的移動露營時，我在日記上寫著：

是療傷，也是還願……
在落磯山脈的冰原上，
在細雪紛飛的Jasper，

我把壓抑三年多的「不滿」喊出來！

淒厲的三個字，喚不回華沛；
不甘的苦與痛，轉不了因果。
就接受自己依然還得帶著失落惆悵，
但在大山、大湖、大景的洗滌下，
可以更勇敢的繼續向前走⋯⋯
吶喊出「我不要」那三字後，心念有了轉折，
再唱〈明日天涯〉，無淚無痛，
彷彿每句歌詞，都是外子要對我說的：
「我原想與你消磨一生／無奈生命如此短促」
「牢記我倆真摯的愛情／妳我會在天涯相逢」

寫日記的當時，期盼著：在結束三十六天的美加行，當飛機再升空，大願已還⋯⋯現在唱〈再回首〉，已經能領會外子為何最愛這兩句歌詞：

「曾經在幽幽暗暗、反反覆覆中追問」
「才知道平平淡淡、從從容容才是真」
「再回首恍然如夢／再回首我心依舊／只有那無盡的長路伴著我」

我明白路終究要自己走，但不再害怕是孤獨地自己走，因為我已漸漸懂得「水能清澈，不是沒有雜質，而是歷經沉澱；心能通透，不是沒有雜念，而是懂得取捨。」

原來，人生的功課都是需要修行「讓心回到原點」的「心寧靜」。

外子常說：不知道「無常」和「明天」，哪一個會先到？

現在，我要說：哪一個先到，都好，只要心寧靜！

後記

給先夫的一封信

親愛的阿排：

這是一個多麼有趣的數字：1080801，正念倒念都一樣呀！

我選在一〇八年八月一日這麼有意義的日子給您寫一封信，當作這本書的「後記」。

五年前的八月一日，您正式從台灣師大的特殊教育系退休，以「五五專案」的年資加入退休族群，好多人都歡喜的來分享了您這筆專案的獎金。

您就是這麼一個愛分享的好人！

回想您在那年年初的一月七日檢查出十二公分的膽管癌腫瘤，隔天，您要我立刻跟師大申請二月一日退休。師大人事室建議您在八月一日再退，就符合五五專案的退休資格。

您說怕等不到那一天！

我不改愛耍怪的習氣，馬上在病床前跪下，求您無論如何、撐也要撐到八月一日，我才能吃到那筆為數不少的獎金。

唉！早知道，我應該求您多撐一些年歲的！

您最麻吉的省北師專崇正班同學來陪您度過「歡樂退休」的同學會，就在八月一日這天。送走「認識四十年」的老同學，我們攜手漫步在安農溪畔，您除了再一次感謝我在您病床邊的陪伴，還慎重叮嚀我：《啟動孩子思考的引擎》已經送印，該好好整理「機車老師」囉！

您對於我三十年的教學生涯，有著舉足輕重的影響力，看著我哭，陪著我笑……很多時候，我忍不下那一口氣，儘管您再三叮嚀我「退步原來是向前」，我還是前瞻不了「退一步」真的可以海闊天空，於是經常讓自己跌撞得頭破血流……

您最幽默的莫過於對著我歷任的校長們打躬作揖，說您完完全全可以體會「校長們要駕馭我老婆的過動所要承受的艱困與辛酸」。您常心疼地用台語勸勉我的校長們：「惹熊惹虎，千萬𣍐湯惹到阮厝那個恰查某！」現在想來，如果沒有您在家智慧的安撫我，如果沒有您在外替我收拾殘局，我鐵定無法全身而退地順利退休。

您一直說：「我老婆執教鞭的三十年，正可以見證台灣一波又一波的教改史。」所以，您念茲在茲，就是要我把我的「機車教學」整理出書。因為壓力不夠大，也因為驅力不夠強，儘管您已經為我擬出寫作的三個篇章與方向，我卻能混就混的，混到您腫瘤復發，混到您再次開刀，混到您要化療加電療，我才終於再度背起電腦，準備陪您住到癌症中心的病房時，認真開機寫作。

實在預料不到這回的化療電療齊上，竟把您搞慘了！

多麼勇敢的您，數度落淚問我：「這麼痛，我要怎麼活下去？」

在您神智清醒的情況下，我把您從癌症病房轉到安寧病房，希望給您比較舒服的最後一段人生。

只是短短的八十天，您進了馬偕醫院，再出院，已是天人永隔。

我在醫院忙進忙出，未曾開機寫新書；在您揚升後，更靜不下心來理順思緒。但，我沒有一時一刻忘記您的遺願：一定要寫出來！這會是一本可以影響許多教育工作者的好書！

您一定同意：能放下的時候，自然就會放下了！急不得，對嗎？

因著遠流行銷部玫玉鍥而不捨的追蹤：「您什麼時候要寫『機車老師』啊？」我清楚地覺察：時候到了！又因著編輯部雪如主編專業地盯稿，我終於在昨晚的七月三十一日，把超過十八萬字的十篇初稿，寄到主編的電子信箱。

今天起床，興奮地開機給您寫這封信：我有聽您的話，真的把「機車老師」整理出來了喔！

親愛的排，相信您知道，也都看在眼裡：可以整理出這麼一本書，要感謝的恩典真是無數……

謝謝ACC（Amitofo Care Center 阿彌陀佛關懷中心）史瓦帝尼院區柯雅玲院長的體諒，她知道我必須得有完整的寫作時空，給了我極其慈悲的職務安排；謝謝我在ACC的室友周孟涵老師的溫暖，照顧我偶有的暈眩，也照顧我要寫稿無法到鎮上採買，而承攬起所有食物、日用品的添購；謝謝教育部網路中心林俊甫老師在緊要關頭，救回您創辦的《特教電子報》中，所有我在「教室傳真」投稿的文章，前後十五年的六百期，我堆疊了超過一百一十萬字呢！

謝謝與咱倆的善因緣越來越深厚的兩位學生家長游嘉銘先生和余孟潔女士，在百忙中協助選稿，他倆都認為我退休是教育界的損失；還有您認識的五孝林晏祺和五信的沈寬，這兩個年輕人也從他們是故事主角的立場，挑了至今仍讓他們記憶猶新的教學手記；謝謝記憶力沒有我好，但備份資料功力一流的竹林老搭檔陳金助老師，上傳到雲端硬碟的好多歷史紀錄，讓我的寫作不至於失真太多；謝謝已經是眼科醫生的「六九一族」洪國磯醫師，在我陷入該怎麼精準拿捏〈與恐龍家長過招〉這一篇章的內容時，適時地喚起我在那段日子的喜怒哀樂；謝謝容許我這條「土虱」在柯林校園橫行的李錦昌校長；謝謝接引我成為「菩薩」在竹林校園轉念的周東燦校長；謝謝給我教學舞台盡情揮灑的賴尚義校長，他們三人是成就這本書中許多空前——也可能是絕後的機車教學的重要主角。

也要謝謝您崇正班有編輯專長的同學黃有富老師，本來打算把您移居佛國後，我隻身到緬甸替您完成為心道師父創校的那段「與小沙彌的對話教學」也收錄到這本書中，有富學長花了好多心神為我編輯出兩萬五千字的「弄曼沙彌學院」教學精華。在截稿前，我決定將「到緬甸創校」與「在非洲史瓦帝尼教中文」的〈海外的機車教學〉一篇，完整呈現在下一本名為《用「心」，與孩子對話》的新書中。

最後要謝謝我們的愛結晶：「有主見、有創意的好玩女兒」！

您是明白的，女兒不善言語，但隨時隨風飄空「提醒」著我「應該」認真寫稿，還會隔空謝謝我的室友，督促她媽媽追上寫作進度。當然要謝謝我們的女婿和親家，把咱女兒「服侍」得很周到，免去我在非洲的掛心……

在您退休滿五載的今天，在我將初稿寄給主編之後的這一天，我要開心地跟您說一聲「謝謝」！沒有您，就沒有這本書；沒有您三十三年在婚姻生活裡的提攜與拌嘴，就沒有書上這麼多值得與人分享的機車心情與事情。

我還是很想念「有您貼身噓寒問暖」的日子！

可是，也漸漸接受「您到站了」「您必須下車」的無奈事實，而不再埋怨您為何買的票如此短程。

請放心！我會繼續帶著對您的思念，過我「一貫機車」的餘生，我一定要讓您以我的勇敢為榮！

想您！

深深的！

愛您的妻　慧慈　敬書

二〇一九年八月一日

於 ACC 非洲史瓦帝尼院區

・大眾心理館 A3359

當怪獸家長遇見機車老師：

親征教改 30 年，宋慧慈老師最 POWER 的「班級經營」現場紀實

・作　　者　宋慧慈
・特約編輯　陳琡分
・校　　對　王東江、王捷西
・封面設計　萬勝安
・封面插畫　曾小咩（zmei）
・排　　版　A.J.
・行銷企畫　沈嘉悅
・副總編輯　鄭雪如

・發 行 人　王榮文
・出版發行　遠流出版事業股份有限公司
100 臺北市南昌路二段 81 號 6 樓
電話 (02)2392-6899
傳真 (02)2392-6658
郵撥 0189456-1

著作權顧問　蕭雄淋律師

2020 年 1 月 1 日 初版一刷
2021 年 3 月 16 日 初版三刷
售價新台幣 350 元（如有缺頁或破損，請寄回更換）

ISBN 978-957-32-8688-2

遠流博識網 www.ylib.com　E-mail: ylib@ylib.com
遠流粉絲團 www.facebook.com/ylibfans

國家圖書館出版品預行編目 (CIP) 資料

當怪獸家長遇見機車老師：親征教改 30 年，宋慧慈老師最 POWER 的「班級經營」現場紀實 /
宋慧慈著 . -- 初版 . -- 臺北市：遠流，2020.01
336 面 ;23*17 公分 . --（大眾心理館；A3359）
ISBN 978-957-32-8688-2(平裝)

1. 教育 2. 文集

520.7　　108020338